Manual
Del escolta
Privado

Rafael Darío Sosa González

CONTENIDO

INTRODUCCIÓN

El presente manual se constituye en una guía en el desempeño como Escolta Privado, así como las generalidades del servicio que nuestra empresa presta a terceros llamados clientes.

Adicionalmente, se persigue busca que las actividades de protección que se llevan a cabo en las diversas modalidades de servicio de Escolta: A personalidades personas muy importantes (V.I.P), de Mercancías, de Valores, entre otras. Las cuales se prestan a los diferentes tipos de clientes, se realicen a través de procedimientos debidamente implementados, para cada una de las acciones que se requieran en relación con el Servicio que desempeñan.

Implementación de Procedimientos, nos permitirá reducir el riesgo lo más bajo y reducirá los costos que implican un ataque, bien sea: Secuestro, robo, hurto, asesinato o extorción.

La manera más acertada de prevenir cualquier atentado es adelantarse a la amenaza y neutralizar el intento aun en la fase más temprana, es anticiparse al enemigo tomando medidas preventivas. La Alerta debe estar a disposición, para el rompimiento de la rutina, y pueden evitar efectivamente que se cumpla su cometido.

Conforme a lo expresado anteriormente, se constituye también es una guía para conocer las generalidades de nuestro trabajo, para evitar en la medida de lo posible las: Los riesgos, vulnerabilidades, amenazas, infiltraciones, ATAQUE SORPRESA. Un ataque bien planeado estará basado en la sorpresa, la diversión o engaño; capitalizándolo en las debilidades de la seguridad, el no seguir el procedimiento apropiado contribuirá a aumentar el riesgo del ataque.

La simple presencia de los escoltas puede tener efectos disuasivos para muchos atacantes: pero también hay que tener presente los amplios conocimientos que tiene el público respecto a las diferentes formas y a la extensión de este tipo de protección, esto les brinda oportunidad a las personas hostiles, de preparar mejor sus planes.

El escolta se constituye en el anillo de seguridad más cercano, la zona protectora más inmediata. Él escolta se encuentra regularmente al lado del personaje, esta posición, provee la última posible barrera física entre el atacante y su objetivo.

De una buena técnica y táctica de cubrimiento del protegido por parte del equipo del escolta, depende que se lleva a cabo la misión continua de: **"Defender la vida, honra y bienes del protegido"**.

1
CONCEPTO DE SEGURIDAD

DEFINICIÓN DE SEGURIDAD

Según la enciclopedia, seguridad se define como ***persona, animal o cosa protegidas y confiadamente fuera de todo riesgo o peligro***. La palabra seguridad se la analiza en forma subjetiva u objetiva.

A. ASPECTO SUBJETIVO

Es irreal, inerte, no tangible, no se puede ver por lo tanto su forma.

1. Seguridad, estado mental o psicológico normal, se siente confianza, tranquilidad, paz consciente o inconsciente. Si esto no sucede no tienen pánico, miedo y temor.
2. Inseguridad psicológica. Estado mental o anormal. Si tiene miedo tiene desconfianza, se convierte en psicosis y la lleva al pánico. No existe peligro pero cree que lo hay, consciente o inconsciente.
3. Seguridad. Es el conjunto de medidas y medios para minimizar riesgos para amparar y proteger personas en su integridad física y patrimonial, es decir tener a salvo de todo riesgo.

B. ASPECTO OBJETIVO

Es la cosa real, tangible, se puede ver, sentir y palpar. Hay una realidad de las cosas, en si es el conjunto de medidas, acciones o medios empleados y coordinados para disminuir riesgos, peligros y amenazas que puede existir contra las personas, en forma individual o colectiva. Seguridad en forma integral, vida moral y patrimonio protegidas de todo RIESGO natural, accidental, intencional o circunstancial.

CLASES DE RIESGOS

1. **Perturbaciones o riesgos naturales.** Ocasionados por la naturaleza, fenómenos naturales como *terremotos, maremotos, erupciones volcánicas, oleadas de calor o bajas temperaturas, huracanes, deslizamientos de tierra, etc.*
2. **Perturbaciones accidentales o fortuitos.** Organizados en la ignorancia, imprevisión, mala información o casuales (*incendio*), explosiones, cortos circuitos, accidentes de tránsito o transporte, escapes de gas, electrocuciones, intoxicaciones, daños de equipo, etc.
3. **Perturbaciones o riesgos circunstanciales.** Son causados por circunstancias de carácter político, sociales, económicos, guerras, guerrillas, revoluciones, asonadas y conflictos internos. **Explosiones nucleares.** Operaciones de combate militar, pueden causar hambrunas y epidemias graves.
4. **Perturbaciones o riesgos intencionales.** Son intencionales, por voluntad humana, con el fin o deseo de causar daños, produciendo delitos, lesiones, hurto calificado, homicidios, atracos, secuestros, falsedad, estafa, sabotaje y terrorismo en general.

CLASIFICACIÓN DE LA SEGURIDAD

De conformidad con quienes la garantizan.

➢ **Seguridad nacional.** Defensa territorial, control.

<table>
<tr><td rowspan="2">Ministerio
de la
Defensa</td><td>Comando
General</td><td>Fuerza Ejército
Fuerza Aérea
Fuerza Armada</td></tr>
<tr><td>Policía Nacional</td><td>Policía Vial.
Policía Antiaérea
Policía
D.A.S.</td></tr>
</table>

SEGURIDAD SOCIAL

Conjunto de medidas que proporcionan bienestar y satisfacción de necesidades humanas.

Legislación – Infraestructura. El Estado atiende las necesidades ciudadanas *de salud, vivienda, trabajo, protección familiar, viajes, recreación, cajas de compensación.*

SEGURIDAD CIVIL

Protección en caso de desastres naturales, defensa civil.

SEGURIDAD INDUSTRIAL

Conjunto de normas encaminadas a evitar accidentes en áreas de trabajo por mal manejo de maquinaria, equipos, explosivos, etc. higiene, medicina preventiva, prevención de incendios a cargo del Consejo Colombiano de Seguridad.

SEGURIDAD DE TRANSPORTES

Con la misión de prevenir accidentes en sus medios.

SEGURIDAD INDEMNIZACIONAL.

Reconocimiento económico.

SEGURIDAD FÍSICA.

Es una disciplina cuyo fin es proteger a las personas en su vida y bienes. Empleando procedimientos disuasivos o cualquier otro medio necesario para impedir o minimizar la acción delictiva.

SEGURIDAD DE PERSONAS

a. **Seguridad de Personas (S.P.)** Estudia los riesgos y determina los medios adecuados y procedimientos necesarios para dar protección a las personas ya sea en aspecto singular (*personal*); aspecto plural (*colectiva o ciudadana*).

b. **Seguridad Locativa (S.L.)** Seguridad física con previo estudio de edificios, casas fincas, apartamentos, locales, clubes, etc., proteger adecuadamente temiendo encontrar el uso o empleo que se le da al lugar.

c. **Seguridad de valores (S.V.)** Protección del dinero, títulos valores, joyas en movimiento o estacionarios, almacenados o en exposición.

d. **Seguridad de información.** Protección de la información, documentos, trámite de archivos, correspondencia, papelería, sellos, disquetes, cintas y sistemas, películas, grabaciones y en general todos aquellos elementos que contengan información de personas o instituciones (*papel carbón usado*), incluyendo comunicaciones telefónicas por computador, radio o telex.

e. **Seguridad ciudadana.** Se denomina al conjunto de medidas para proteger a la comunidad contra la acción de la delincuencia, protección que la ejerce la policía nacional (*policía cívica*). Son muchos los riesgos a que está sometida la ciudadanía como variadas sus modalidades, razón más que sobrada para no descuidarse y estar atento y listo a toda hora.

f. **Seguridad empresarial.** Son las medidas, normas y técnicas apropiadas para proteger una empresa, las cuales pueden ser:
➤ Bancarias.
➤ Hoteleras.
➤ Comercial.
➤ Petrolera.
➤ Depósitos.
➤ Hospitales.
➤ Clínicas.
➤ Centros Comerciales.

En la seguridad empresarial se utiliza o se unifican toda clase de seguridad física, personal, locativa. Valores, información, eléctrica, informática.

g. **Seguridad Bancaria**. Es la seguridad física empresarial más importante, incluye la seguridad empresarial de valores. (*Documentos, bancos, créditos, emisora de título valores, papel moneda, tarjetas de crédito, bolsas de valores*).

h. **Seguridad Domiciliaria.** Son las medidas que se adoptan para proteger el domicilio o lugar de vivienda de las personas y grupos de familias.

i. **Seguridad Electrónica.** Son los avances tecnológicos en el campo electrónico y de telecomunicaciones, tales como: *alarmas, comunicaciones, dispositivos de comunicación a distancia, CCT, dispositivos de control interno, rayos ultravioleta, medios de identificación, control de accesos por voz, control de accesos por huelas dactilares.* Son medio o dispositivos para apoyar a los elementos de seguridad.

j. **Seguridad Documental.** Es la tecnología que se aplica a ciertos documentos para evitar su falsificación. Estas medidas pueden ser:

- ➢ Papel de seguridad.
- ➢ Marca de agua o filigrana.
- ➢ Tinta de seguridad.
- ➢ Hilos internos.
- ➢ Costura luminosa.
- ➢ Sistema de impresión.
- ➢ Microimpresiones, etc.

Estas características son elaboradas por grafólogos y los documentólogos forenses.

ESTRUCTURA DE LA SEGURIDAD

Los tres elementos de la seguridad física son:

- ➢ Vigilancia.
- ➢ Protección.
- ➢ Control.

Si falla uno de estos elementos se puede decir que no hay seguridad, pues cada uno depende de los otros dos.

FASES DE LA SEGURIDAD

- ➢ Fase preventiva.
- ➢ Fase reactiva o fase correctiva.

TIPOS DE RIESGO

- ➢ Generales, particulares y potenciales.
- ➢ Actuales, inminentes.

VULNERABILIDADES

- ➢ Puntos críticos.
- ➢ Medios disponibles.
- ➢ Directivas y planes de seguridad.

RESUMEN Y COMPROBACIÓN

Los principios básicos de la seguridad son:

- ➢ Prevención.
- ➢ Disuasión.
- ➢ Acción.
- ➢ Resultados.

CONCEPTOS BÁSICOS

PREVENCIÓN

Es estar preparado para reaccionar con seguridad y no ser sorprendido. Es la base de la seguridad privada. Prevención y seguridad son sinónimos, su significado es casi el mismo, es mejor prevenir que lamentar *—decían las abuelas -*.

DISUASIÓN

Es lograr doblegar la voluntad de otro para que no cometa determinado acto. Es el propósito fundamental de todo servicio de seguridad y vigilancia. Es en otras palabras, ***hacer sentirse al agresor importante para sus propósitos.***

ACCIÓN

Es la fase en la cual el vigilante pone en práctica sus habilidades y conocimientos, esta actividad incluye si es necesario el uso de armas.

RESULTADOS

No es el *casi*, sino la realidad; no es la buena intención sino los resultados, los cuales se logran como consecuencia de una acción inteligente.

2

PROCEDIMIENTO DE ESCOLTAS

ESCOLTA

Para el **ESCOLTA** la única ventaja es que conoce al personal y sus funciones, sabiendo quien es quien dentro de la empresa, pero tiene más desventajas, como son: Rutina en su puesto; confianza y amistad con los empleados; siendo estos dos aspectos los más negativos para cumplir con sus funciones, el autoestima de sentirse en ocasiones menos que otras personas e influye en el carácter (Personalidad) del ESCOLTA.

PROCEDIMIENTOS

- Para prevenir este tipo de amenaza se deben seguir los siguientes procedimientos:
- Mantener una relación laboral de seguridad con los empleados.
- No tener confianzas.
- Observar al personal, si es mucho, hacerlo selectivamente en la entrada y salida.
- Llevar los libros de control y minuta actualizados.
- Mantener al Jefe de Seguridad de la empresa o en su efecto al encargado, de los indicios y sospechas de ilícitos, recomendándole procedimientos de control que se pueden efectuar.
- En coordinación con el Jefe de Operación de la empresa de vigilancia, o Jefe de Seguridad usuario, adelantar pruebas de confianza al personal de empleados de la misma.

Mantener una constante preparación y entrenamiento es sin duda la mejor manera de sobrevivir y la mejor respuesta a la amenaza de la inseguridad.

El grupo de escoltas debe estar en capacidad de neutralizar cualquier intento

de atentado o ataque al personaje mercancía o vehículo que se está protegiendo.

Observar y cumplir con las normas establecidas en el plan de seguridad, así como las funciones específicas de cada uno de los escoltas.

Mantener una fuerza o equipo de reacción, de nada sirve impartir una serie de normas de seguridad si realmente no existe una fuerza de reacción que impide que se atente contra las personas o bienes que se están protegiendo.

Mantener un sistema de alerta, que permita a la fuerza de seguridad reaccionar a tiempo y preparar una respuesta eficaz en el menor tiempo posible para recuperar la normalidad.

Correcto empleo y operación de los equipos que se hayan asignado. Alarmas C.C.T.V. Cámaras, Censores, Radios, Binoculares, Vehículos, Motos, etc.

El escolta debe anticiparse pro activo a los hechos mediante la prevención, la vigilancia, el estado de alerta permanente para no dejarse sorprender muchos han muerto sin tener tiempo siquiera de sacar su arma de la funda.

El escolta debe estar pendiente hasta de los más mínimos detalles, que puedan poner en peligro la vida de la persona por proteger. Desde las condiciones de la carretera, calles y rutas de desplazamiento hasta las amenazas directas de guerrilla o delincuencia común, terroristas, delincuencia común organizada.

Actuar como un equipo, como un grupo coordinando y no cada uno por su cuenta o individualmente. Cada cual tiene una misión específica que cumplir. Uno será el encargado de conducir el vehículo, otro el encargado de vigilar y observar.

No dejar nada al azar, todo movimiento debe estar bien calculado, planeado y coordinado. Debe existir una estrecha comunicación entre todos los que conformen el grupo de protección y seguridad del personaje.

Elaborar una lista de verificación de cada uno de los lugares o sitios por visitar, para evitar omitir detalles (ruta principal, vía aérea, hotel, aeropuerto, club).

En situaciones donde el riesgo o la amenaza son grandes se deben colocar unos circuitos concéntricos de protección alrededor del personaje llamados circuitos de seguridad: interior o exterior, partiendo del personaje hacia fuera, para ofrecer obstáculos cada vez más fuertes y difíciles, que le impidan acercarse al posible atacante. Estos circuitos pueden ser fijos o móviles. (Desplazarse con el personaje).

El círculo exterior es el encargado de identificar a las personas que traten de acercarse o penetrar. Además, sirve como barrera que impide el paso de personas sospechosas y no autorizadas. También es el encargado de transmitir señales o alarmas en caso de peligro o amenaza con el fin de reforzar la seguridad, neutralizar el ataque hasta movilizar al personaje a un lugar seguro o mientras llega el apoyo de las autoridades o grupos de reserva.

La función del círculo interior es la de verificar aún más las personas que se les permitió entrar a esa zona, estar preparado para poner en práctica planes de contingencia en caso de riesgo inminente proteger y cubrir al personaje.

Ponga en práctica todas las medidas de seguridad que los conduzca a mantener la alerta, de esta manera disminuye el

factor sorpresa.

Antes de cualquier desplazamiento obtenga información sobre la ruta, lugar por visitar planee y coordine todos los detalles.

Actúe con tacto y discreción de tal manera que no le vaya crear situaciones embarazosas u hostiles al personaje. La actuación de los escoltas debe ser firme pero cortés.

Mantenga su cuerpo de frente al posible peligro, pero protegido si es posible. Siempre permanezca de pie cuando personas extrañas o sospechosas estén presentes en el área de seguridad.

Si está solo por la noche use luces. No pasar por sectores oscuros donde podría ser atacado sin aviso.

Siempre compruebe que todo a su alrededor está correcto, no permita que lo tomen por sorpresa, seleccione el lugar donde hay menos posibilidades de ataque.

No sea rutinario varié o cambie de rutas, horas de llegada y salida eso dificulta el accionar del posible agresor.

Mientras sea posible, maneje por el centro del camino, así no será forzado a salirse y tendrá más espacio para maniobrar. En autopista use línea interior.

Ante situaciones de alto riesgo o en caso de ataque si hay varios escoltas, traten de no estar juntos porque una ráfaga o disparos a quemarropa los puede eliminar a todos.

En los puestos fijos los escoltas no deben estar al lado del personaje, sino a una distancia visual y de apoyo de fuego. No sentarse a almorzar en la misma mesa, por ejemplo.

Las circunstancia en que deben actuar frente a un enemigo resuelto y en el momento menos esperado, deben tener sangre fría y un alto grado de decisión y una capacidad técnica a toda prueba.

El escolta debe tener presente que de su seguridad y rapidez para desenfundar el arma lo coloca en una posición ventajosa frente al criminal, por lo tanto, debe familiarizarse con todas las modalidades de tiro, para salvar su vida y la del personaje protegido.

PRINCIPIOS DE PROTECCION

DEFINICIÓN ACTIVIDAD DE PROTECCIÓN

PROTECCIÓN:

Medidas activas y pasivas que se emplean para mantener sin riesgo a personas, instalaciones, bienes y otros.

Guardaespaldas

Persona armada que acompaña, protege defiende a quien lo ha contratado
Con su propio cuerpo o utilizando armas.

Escolta

Empleado de una empresa de vigilancia cuya labor es dar protección a personas naturales, a vehículos, mercancías y valores durante sus desplazamientos.

Escolta personal

Es el encargado de evitar, neutralizar o eliminar, las oportunidades de que secuestren, asesinen, golpeen, ataquen u hostiguen a la persona protegida, hasta donde las circunstancias lo permitan, ya que la protección absoluta no se puede brindar y menos en la actual situación.

PRINCIPIOS Y RESPONSABILIDADES - FUNCIONES DE LOS ESCOLTAS

- Dar protección a personas y a los bienes que le asignan bajo su cuidado, en áreas fijas o en los desplazamientos.
- Conocer las armas y el correcto funcionamiento de las mismas.
- Conocer los deberes de la profesión y de su cargo la ética.
- Informar a tiempo alguna enfermedad o emergencia que le indica cumplir sus deberes o llegar a tiempo a su lugar de trabajo.
- Mantenerse en estado de alerta, no confiarse de nada.
- Nunca abandone su puesto, sin previa autorización.
- No coma o beba cuando se encuentra en servicio, no se distraiga.
- No hable innecesariamente con el público o extraños.
- No escuche radio / televisión mientras se encuentran de servicio.
- No se duerma durante su jornada de trabajo.
- No suministre información de la empresa o de la persona protegida. Saber callar es guardar el secreto.
- No revele planas o información relacionadas con la seguridad de la persona protegida.
- No haga asuntos particulares durante su período de servicio ya que
- No haga ostentación de su cargo, sea discreto, Así disminuye el riesgo.
- Capacítese permanentemente, mantenga el estado físico y anímico en las mejores condiciones.
- Maneje toda la información con prudencia y reserva.
- Respete la Ley, el orden y la moral ciudadana.
- Sea leal con sus jefes, superiores y compañeros.
- No beba licor, ni consuma drogas psicotrópicas que le impidan estar lucido para prestar un buen servicio.
- Sea pulcro en el vestir y en su vivir.

- Gánese la amistad, el cariño y la colaboración de la gente.
- Si lo dotan de un vehículo, manténgalo en perfectas condiciones de funcionamiento. Revíselo permanente, no lo deje abandonado ni siquiera por un instante.
- Saber buscar información, sospechar con fundamento, detectar los riesgos y tomar las medidas necesarias para neutralizarlos.
- Conocer el empleo y operación de los medios de comunicación, teléfono, radio. Transmitir los mensajes en forma clara y concisa y de manera oportuna.
- Mutua comprensión y una buena relación con el personaje, así la seguridad será más eficaz y se podrá coordinar mejor.

UTILIZACION DE CIRCULOS IMAGINARIOS

Trazados, tomando como centro a la persona protegida. Este sistema sirve para indicar las posiciones que deben ocupar los escoltas 1, 2,3, o 4. El norte siempre será la dirección de la marcha. Los círculos indican la proximidad o lejanía de los escoltas, los cuadrantes de las posiciones de cada uno de ellos.

ZONAS VERTICALES DE OBSERVACION

La amenaza puede estar ubicada en cualquier lugar, de ahí la necesidad de asignar zona de vigilancia. Sin embargo, toda escolta debe acostumbrarse a conservar en todas direcciones, sin olvidar las partes elevadas y las partes de bajo nivel.

Zonas altas – Techos ventanas, terrazas, campanarios, árboles.
Zonas a nivel – Todo lo que está a la altura de la persona protegida.
Zonas bajas – Subterráneos, cauces de ríos, alcantarillas, sótanos.

SISTEMA DE RELOJ

Es muy fácil comprender y de practicar y bastante efectivo para signar tareas de vigilante. En el centro estará el personaje a proteger.

RELOJ

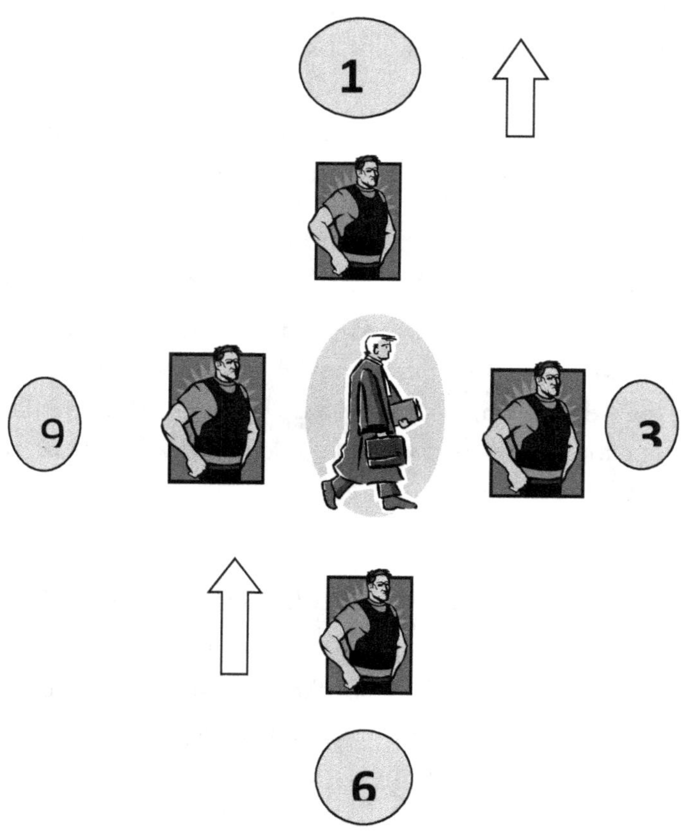

FORMACIONES

Existen muchas clases de formaciones para la protección de personas, dependiendo del número de escoltas con que se cuente.

FORMACIÓN SENCILLA

Consta de la persona protegida y un escolta que debe mantenerse a espalda del personaje

FORMACION DOBLE SENCILLA

Se utiliza cuando la amenaza se halla al frente o cuando se va a ingresar a algún sitio.

FORMACION EN CUÑA

Cuando el personaje se dirige hacia donde se localiza un grupo de personas

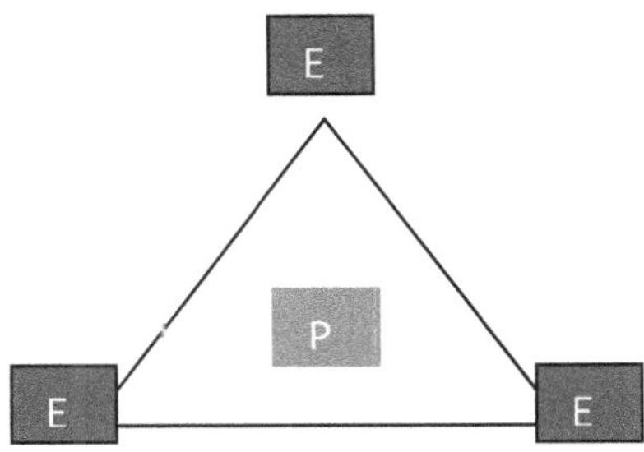

FORMACION EN DIAMANTE

Es muy difícil, útil y segura por todos los costados.

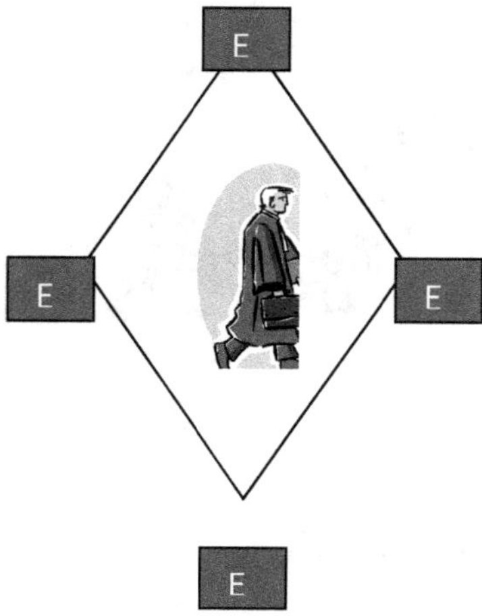

FORMACION DE CUÑA REFORZADA

Se utiliza cuando la amenaza se halla al frene o cuando se va ingresar a algún sitio

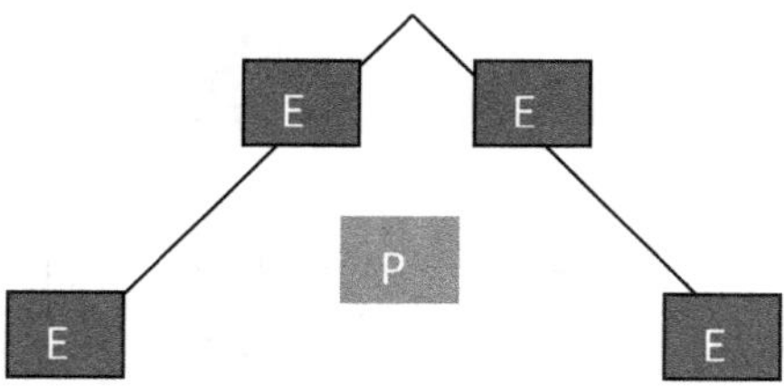

FORMACION EN V REFORZADA

Se utiliza cuando la persona se aleja de un sitio o cuando la amenaza está atrás.

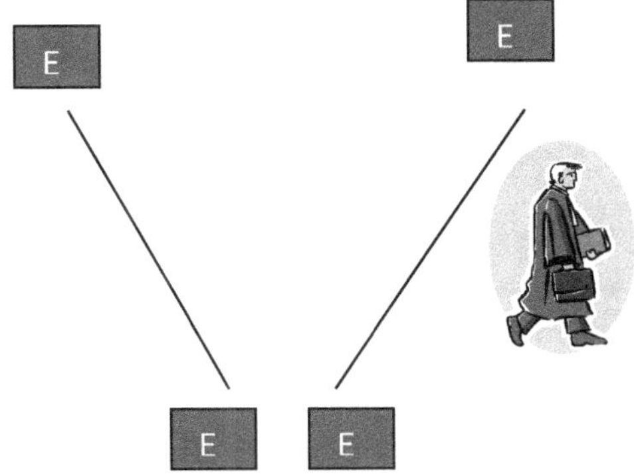

FORMACIONES LATERALES IZQUIERDA DERECHA

Se utiliza cuando la persona protegida transite por una acera.
La finalidad de cualquier formación es la de lograr un cubrimiento en todas las direcciones, descubrir la amenaza en forma oportuna y disponer de una capacidad de reacción inmediata.

FORMACION AREAS DE RESPONSABILIDAD

ESCOLTA COLA   ESCOLTA DE PUNTA

PROCEDIMIENTO EN VEHICULOS

ESCOLTA COLA   ESCOLTA DE PUNTA

CARAVANAS

Como la actividad de protección de personas se desarrolla en la calle, es imprescindible tratar el tema de los vehículos.

El vehículo de la persona protegida debe contar con algunas características como:

- No ser notado
- Que no llame la atención
- Cómodo
- Potente
- Dotado con sistema de radio comunicación, y equipo especial de aire acondicionado.
- Los personajes de alto riesgo deben tener vehículo blindado para aumentar su protección y este debe ir acompañado por otro u otros vehículos
- Los vehículos deben tener asignados unos excelentes conductores especializados en conducción defensiva y que conozca la operación de los equipos con que está dotado el vehículo.

La función del equipo de escolta no se reduce a los desplazamientos solamente, sino que tiene que ver con la verificación de cualquier inicio de amenaza en el vecindario de la residencia o de la oficina de la persona protegida.

Los escoltas deben mantener en los desplazamientos una barrera permanente entre el vehículo de la persona protegida y el vehículo que trate de aproximarse o sobre pasarlo, por lo tanto, deben poner en práctica algunas medidas defensivas en la ruta.

Para efectos académicos y de comprensión llamaremos al vehículo de la persona protegida el vehículo "P" al de la escolta el vehículo "E" y a los dudosos "N" o los que puedan constituirse en amenaza.

ORGANIZACIÓN DE UN EQUIPO DE ESCOLTA

LA ORGANIZACIÓN

En la distribución adecuada del personal y los medios, para alcanzar un objetivo o la misión encomendada.

Para proteger a una persona se requiere un equipo de seguridad.

Para una persona con nivel de riesgo normal el número necesario es:

Un (1)   escolta

Un (1) conductor debidamente entrenado

Cuando el nivel de riesgo aumenta, un equipo mucho más completo y numeroso será necesario. Ejemplo:

- ◆ Un jefe de Seguridad personal (1)
- ◆ Un equipo de Escoltas (3)
- ◆ Un equipo de cubrimiento (2)
- ◆ Un equipo de Inteligencia (2)
- ◆ Dos conductores (2)

También se necesitará personal de seguridad física para cubrir la residencia y el sitio de trabajo de la persona protegida.

Organización de Grupos

Grupo de Seguridad o protección

Debe tener como mínimo cuatro (4) integrantes que permanecen con el personaje para suministrarle protección durante sus movimientos. Uno será el conductor, otro será el jefe del grupo de escoltas y el jefe de seguridad próximo al personaje y sus acompañantes del vehículo escolta que forman círculos de seguridad alrededor del dignatario.

GRUPO DE INTELIGENCIA

Durante los períodos en que no hay movimiento, el grupo de seguridad debe compartir la responsabilidad adicional de conseguir y analizar datos de información para hacer inteligencia preparar futuros planes y movimientos para comunicárselos al jefe o Departamento de Seguridad de la Empresa, sobre lugares que visitarán, rutas, personal que debe ubicarse en lugares claves, mantener enlaces con los organismos enterado al grupo de seguridad.

Preparar planes de contingencia ante cualquier emergencia, verificar la efectividad del sistema de seguridad adoptado y verificar si se está cumpliendo de acuerdo al objetivo.

DOTACION DE LOS MEDIOS

- Vehículos de transporte de personal blindado
- Armas (revólveres, pistolas, ametralladoras)
- Uniformes distintivos
- Sistemas de alarmas móviles
- Equipo contra incendio
- Sistemas de iluminación
- Binoculares
- Chalecos antibalas
- Cámara fotográfica
- Planos de la ciudad y de las vías

- Libretas de notas. Números de teléfonos de emergencia
- Permisos de porte de las armas
- Documentos de los vehículos al día
- Código de claves
- Dinero para gastos extras

MEDIDAS DEFENSIVAS

El vehículo "P" debe ser blindado si la persona tiene perfil de alto riesgo, para incrementar la protección de manera considerable; sin embargo, el vehículo blindado no es una caja fuerte e indestructible, ya que ante una carga explosiva o ante el impacto de un lanza cohetes, todo se puede romper.

El blindaje de los vidrios no es 100% efectiva, ya que ante el disparo de un fusil nada se puede hacer. Con la ráfaga de una ametralladora sobre un mismo punto, al noveno disparo aparece el foramen. Por lo tanto, el vehículo blindado debe ir acompañado por otro u otros vehículos.

Los conductores deben ser bien entrenados y estar capacitados para operar los equipos que han sido instalados en los vehículos o que está dotado el vehículo.

El vehículo "P" debe viajar, la persona protegida, el conductor y una escolta.

En el vehículo "E" deben viajar el conductor entrenado en conducción defensiva, los escoltas E1, E2 Y E3, siendo el E1 el eje de escolta.

Para el equipo de escoltas todo vehículo que transite delante, detrás o a los costados del vehículo" debe ser considerado como un vehículo amenaza "A" por lo tanto se debe mantener un estado de alerta permanente, no solo en las calles y avenidas, sino los que se hallen en los parqueaderos y aquellos que despierten sospechas cuando estén relacionados más cerca de la residencia o a los alrededores de la oficina o sitio de trabajo.

ACCION ANTE SEGUIMIENTOS

Cuando se ha comprobado que existe un seguimiento o que se encuentran siendo vigilados, la tarea principal del vehículo. "E" es la de mantenerse o interponerse a toda costa entre el vehículo "P" y el vehículo "A".

Si "A" trata de sobrepasar "E "Cubrirá a "P" manteniéndose siempre entre la amenaza y la persona protegida. Si "A" trata de pasar atrás "E" se colocará inmediatamente detrás de "P".

La idea general es mantener una persona entre el vehículo "P" y el vehículo "A"

PROTECCION DE LOS CARRILES

Cuando el vehículo del personaje va a entrar o a salir del tráfico vehicular el vehículo escolta actuará bloqueando el tránsito de los otros vehículos, para permitir esa maniobra sin contra tiempos.

Al estacionar debe tener la precaución de dejar un espacio suficiente para cualquier maniobra posterior y utilizar convenientemente las luces direccionales.

Al efectuar un viraje o cambio de dirección el vehículo escolta cubrirá siempre la parte posterior extrema del vehículo del personaje.

ACCION FRENTE AL SEMAFORO O SEÑAL DE PARE

Al llegar a un semáforo en rojo, el vehículo "P" deberá ubicarse a conveniente distancia de la señal con el fin de mantener cierta libertad de acción. El vehículo "E" deberá proteger los carriles o colocarse detrás de "P" a una distancia que le permita maniobrar o salir del carril, pues en casa de que un vehículo "A" se haya situado a la izquierda de "P" y si llegara a percibir una amenaza cierta "E" tendrá la oportunidad de mover o golpear a "A" para eliminar la amenaza.

EL DESEMBARQUE DE LOS ESCOLTAS

Al llegar la persona a su destino o durante cualquier parada, los escoltas se bajan y forman un círculo alrededor antes de que este descienda del vehículo sin llamar la atención de los ocasionales transeúntes.

REVISION DEL VEHICULO

 Funcionamiento del motor, Caja, Frenos, Luces, Limpiabrisas, llantas, Batería, direccionales, niveles de aceite, agua, líquido de frenos, deben Ser revisados diariamente por el conductor, antes de iniciar la jornada de trabajo. Además, se debe revisar con mayor detenimiento el vehículo, el garaje y los alrededores en búsqueda de indicios o señales sospechosas de un ataque terrorista.

- Pisos del garaje, cajas y herramientas
- Tapa del tanque de gasolina
- Tapa del motor y baúl portamaletas
- Motor, conexiones extrañas
- Piso del vehículo
- Asientos delanteros y traseros
- Alambres, cables, residuos, cinta adhesiva, papeles de envoltura
- Switch de encendido

3
TRABAJO EN EQUIPO Y LIDERAZGO

CONCEPTOS DE LIDERAZGO

CUALIDADES DEL LIDER

EL ENTORNO DEL HOMBRE DE SEGURIDAD

Introducción.-

El conocimiento de que el hombre no existe exclusivamente "para sí mismo" sino que vive en comunidad con los demás, datos de por menos 2000 años atrás. Ya Aristóteles definió al hombre como un "ser viviente" que convive con otros.

La vida diaria de un ciudadano corriente demuestra este hecho: empieza la jornada desayunando en comunidad con la familia. Es este el primer círculo social al que pertenece. Allí se aprenden valores y se forman opiniones en el contacto con os padres y hermanos. Es el punto de partida de la evolución personal. El adulto termina su desayuno y se dirige al trabajo en donde entra de nuevo en relación con otras personas experimentando sentimientos de agradecimiento, compañerismo, enemistas, competencia. , en lo que haga en sociedad va repercutir en otros y viceversa.

Por la noche, el ciudadano medio suele reunirse con su amigo, ir a un partido de fútbol, asistir a una conferencia, etc. Todo lo anterior demuestra que el hombre es un ser social por naturaleza. De allí surge el concepto de relaciones humanas como las acciones y actitudes desarrolladas por los contactos entre personas y grupos.

Cada individuo es una personalidad altamente diferenciada que influye en el comportamiento y actitudes de aquellos con quien se mantiene en contacto y que igualmente es bastante influido por otros.

Es principalmente dentro de la empresa donde surgen las oportunidades de relaciones humanas, en razón del gran número de grupos y de las interacciones necesariamente resultantes.

EL TRABAJO EN EQUIPO Y LA COMUNICACION

En la sociedad los seres humanos se hallan en mutua interdependencia y relación; entendida esta última como el lazo o vínculo que existe entre las personas y los grupos. El contacto recíproco. La comunicación y la interacción son tan esenciales para el individuo como para el grupo, de tal manera que sin ellas la persona difícilmente viviría y el grupo, de tal manera que sin ellas las personas difícilmente vivirían y el grupo dejaría de funcionar.

Las relaciones no se limitan solamente a los vínculos familiares o a las de parentesco, sino que influyen también las relaciones dentro de las empresas, escuelas, iglesias, partidos políticos, equipos deportivos, etc.

Ahora bien las relaciones funcionan de varias formas. Es decir influyen varias maneras de comportarse. Algunas de estas son positivas y otras negativas

ACTITUD: Es una manifestación externa de la disposición o estado de ánimo.

Las positivas: Son aquellas que demuestran justicia, armonía y amistad.

Las negativas: Son aquellas que demuestran injusticia, enemistad y discordia.

Formas positivas de interacción

Cooperación: Es una forma de relación social en la que más de 20 personas actúan conjuntamente para lograr los objetivos propuestos. Es decir, cada integrante del grupo desempeña sus funciones de la mejor forma posible para que la imagen y prestigio del grupo, o compañía se vean beneficiados.

Ejemplo: En cada turno que efectúo, procuro prestar el servicio de vigilancia y seguridad de la mejor manera posible, para dejar en alto mi imagen y la imagen de la compañía.

Llego puntual a recibirle el puesto al compañero consciente de que él también necesita descansar.

La cooperación necesita

- ✓ Lealtad al grupo
- ✓ Responsabilidad en el cumplimiento de las funciones
- ✓ aComunicación permanente entre los miembros

Ventajas de la cooperación

- ✓ Facilita el logro de los objetivos
- ✓ Permite que haya armonía en el grupo
- ✓ Incrementa la motivación para trabajar
- ✓ El trabajo resulta menos agotador y rutinario, al trabajar con sentido

Acomodación: Es un proceso de adaptación que permite a las personas continuar sus actividades aun sin estar en completo acuerdo de opiniones.

Ejemplo: lgunos de los compañeros que tengo en el puesto no son de mi total agrado por su forma de ser. Sin embargo. Me acomodo a la situación para impedir o reducir los conflictos.

La acomodación es un medio de vivir en paz. De coexistir, que promueve en ocasiones la cooperación, entre los miembros. En otras palabras, modifico mis pautas de comportamiento con el fin de acomodarme a las de mis compañeros.

Ventajas de la acomodación:

✓ Favorece la Cooperación
✓ Eleva la calidad de vida laboral
✓ Disminuye los conflictos

Asimilación: Es un proceso por el que dos o más personas o grupos aceptan y realizan las pautas de comportamiento del círculo social al que ingresan.

Aún cuando esta planteado de esta forma se debe pensar que es un fenómeno unilateral. Al contrario, es una relación de interacción en la que ambas partes actúan recíprocamente; la persona que llega a la cultura y el grupo o persona que la recibe y la acepta.

Ejemplo: La persona que ingresa a una empresa de seguridad con el propósito de prestar un servicio, debe empezar por asimilar la cultura de la compañía, lo cual incluye aprender la política interna, las consignas generales y específicas, el funcionamiento, etc.

A su vez los empleados antiguos están en él deber de aceptar al nuevo vigilante y en lo posible colaborarle para que este proceso se lleve a cabo de la mejor manera posible, logrando que la persona logre rápidamente se sienta identificada y se contagie de la cultura de su empresa. En otras palabras, es darle una cordial bienvenida y motivarle hacia su trabajo en la compañía. Esto se aplica no solo a la persona que ingresa a una empresa de seguridad; incluye a demás al vigilante que llega por primera vez a un puesto.

La asimilación necesita:

✓ Actitud abierta y sanan de las partes
✓ Aceptación voluntaria de participar en el proceso
✓ Madurez y rectitud de ambas partes
✓ Lealtad hacia las políticas de la Compañía

Ventajas de la asimilación

- ✓ Facilita la adaptación hacia el cargo y hacia la compañía
- ✓ Promueve los sentimientos de integración y cooperación
- ✓ Evita el estrés y los conflictos (Calidad de Vida)

Si estos procesos se logran, con el correr del tiempo, la cultura de la Compañía se hace cada vez más sólida y los empleados con su excelente servicio marcan una pauta de diferencia con relación a las empresas donde no se han llevado a cabo.

Formas negativas de interacción

Conflicto: Es la forma de interacción por la que dos o más personas tratan de excluirse mutuamente, bien sea aniquilado una parte a la tras o bien reduciéndola a la reacción.

El conflicto se considera como medio para un fin. Es una relación humana recíproca en la que participan dos partes y en cuyos inicios se dan diversas formas de conducta inconformista. Estas se manifiestan con palabras, ademanes o aciones como injurias, aversiones, rivalidad, desprecio, ataques personales y físicos. El conflicto frecuentemente brota de la competencia y la oposición.

Ejemplo: Un grupo de personas que con sus actitudes e ideas buscan poner a los demás compañeros en contra de la compañía; en el fondo buscan protagonismo, suplir intereses individuales y desestabilizar el sistema laboral.

Obstrucción: Es un proceso social en el que cada una de las personas o grupos contrarios tratan de impedir que la otra logre sus objetivos, sea que ella misma desee obtenerlo o no.

A veces se la considera como una forma cortés y elegante del conflicto, dado que implica hostilidad y antagonismo, pero sin atacar directamente y de frente al contrario.

Ejemplo: Esta se presenta bajo muchas formas y se manifiesta en las tácticas consistentes en postergar, denunciar, obstaculizar y frustrar a los otros, en hacer campañas de falsos rumores y difamaciones.

RELACIONES EN EL TRABAJO

La importancia de las buenas relaciones humanas, para desempeñar adecuadamente su labor como Escoltas.

- Mediante la reflexión (solo por hoy) se habla de la importancia que tiene la **actitud** y la **aptitud** para desempeñar cualquier tipo de labor.

Aptitud: Conocimientos y condiciones físicas e intelectuales para desempeñar una labor.

Actitud: Expresión de los sentimientos y pensamientos frente a la labor.

Es importante resaltar que en las relaciones humanas dentro de del trabajo de vigilante es muy importante la actitud.

Relaciones humanas: es la interacción de ideas, pensamientos, afectos, valores, normas entre 2 o más personas.

- ✓ COMUNICACIÓN
- ✓ CLASES
- ✓ RELACION ENTRE JEFES
- ✓ RELACION SUBALTERNOS

Resaltar la importancia del buen trato en las relaciones humanas para que su labor como Escolta sea más amena. Mediante la reflexión (ahora que estoy vivo) sensibilizar a los estudiante acerca de la importancia de expresar el afecto a sus personas queridas.

Las relaciones de los vigilantes con la familia, los compañeros y los clientes.

TRATO: es el contacto con las demás personas durante la actividad laboral el contacto con otras personas.

En un sitio de trabajo no solo es importante conocer las condiciones físicas de trabajo y las funciones si no que también las personas con las que vamos a tratar.

La aceptación y el sentirse bien dentro del lugar de trabajo va a depender de mi comportamiento que reflejara el buen trato o el mal trato hacia los demás.

La educación y el buen trato o mal trato no esta relacionado con la raza, con la capacidad económica, nivel de estudios, religión. Etc.

RELACIONES HUMANAS DEL ESCOLTA

La función del Escolta es tratar con gente durante todo el turno de trabajo. Por su labor externa tiene trato con todo tipo de personal y es al Escolta a quien corresponde atenderlos y manejarlas.

Todo Escolta debe poseer la formación en relaciones humanas pues son la base de su buen desempeño. Partimos de que todos tenemos ciertas aptitudes y cualidades que nos permiten trabajar con público.

Saber hasta donde van nuestras capacidades y cuáles son nuestras debilidades es el mejor consejo para quien se vaya a enfrentar con un cargo de esta naturaleza.

1.- SERE FIEL A MIS JEFES, SUPERIORES Y COMPAÑEROS.

2.- DESEMPEÑARE MI TRABAJO RESPETANDO LA LEY Y

LOS MAS ALTOS			PRINCIPIOS DE LA MORAL.

3.- OBSERVARE EN TODOS MIS ACTOS LOS PRECEPTOS DE LA VERDAD Y	LA	SINCERIDAD.

4.- ACATARE LAS ORDENES, PERO TENDRE LA FIRMEZA DE CARACTER			PARA RESALTAR LOS ERRORES Y RECOMENDAR SU CORRECCION PARA		EL BIEN DE LA ORGANIZACION.

5.- ME MANTENDRE EN BUEN ESTADO FISICO Y EMOCIONAL PARA	.			DESEMPEÑARME CON TODA SEGURIDAD.

6.- MANTENDRE EN LA MAS COMPLETA RESERVA TODA INFORMACION		CONFIDENCIAL QUE LLEGUE A MI CONOCIMIENTO.

RELACIONES CON SUBALTERNOS

La regla de oro para el trato con los subalternos es saber establecer límites. Ni tanta relación que conduzca a la intimidad, o complicidad, ni tan lejano que lleve al desconocimiento o a enfrentamientos o roces perjudiciales.

LENGUAJE Y CONVERSACION

A MORALIDAD COMO FENOMENO SOCIAL

Referente a este tema de la moral como un fenómeno social queremos presentar tres ideas principales que son:

a.	El lenguaje moral
b.	La utilización social de la moral

c. Lo universal del hecho moral, enfatizando su principal concepción.

LENGUAJE MORAL

La terminología moral es muy alta, entre muchos de sus términos tenemos. Moral e inmoral. Licito e ilícito, permitido y prohibido, honesto y deshonesto, ético y no ético, justo e injusto. Se le denominan virtudes y a las negativas vicios.

Estas dos citas nos enmarcan en la concepción de la moral que nos indican como hay una clasificación de valores a los actos humanos que originan una terminología sobre temas referentes a la moral. Definen a la moral como a la vida misma referenciándola como búsqueda y soporte de la realización humana a todo nivel.

LA UTILIDAD SOCIAL DE LA MORAL

La sociedad se vale de diferentes instituciones para mantener y reproducir sus patrones morales como: la familia, la escuela, el gobierno, la religión, los masivos de comunicación.

La vida en sociedad necesita de normas que aseguren la paz y el orden entre los individuo que la forman para que los intereses particulares no atenten contra los intereses comunes.

Durante toda la existencia humana en cualquier sistema social que aglutine y organice al hombre en sociedad, se hace necesaria la implantación de un orden moral con unos patrones de comportamiento que den garantía y eleven a la vida humana a un estado de perfección. Estos principios entre muchos obedecen a nobles ideales o a derechos tales como respeto por el otro, a la educación, a la verdad, a la justicia.

Todos estos principios permiten al hombre vivir en sociedad pero no se puede vivir en sociedad pero no se puede desconocer la existencia de intereses particulares como lo ha mostrado la historia por parte de las clases dominantes de turno que establecen y orientan un orden moral, que consiste en burlar las normas morales siempre que no sea posible.

RELACIONES LABORALES

Las relaciones entre la compañía empleará y el Escolta deben caracterizarse por la claridad en las normas, deberes y derechos y en la mutua confianza basada en el respeto y el cumplimiento de lo pactado. Si esto no se da, es posible que en poco tiempo se presenten roces y enfrentamientos que perjudicarán a los vigilantes y más a la compañía.

El trabajo en común de nuestra sociedad, se estructura mediante una organización o empresa, dentro de la cual se desarrollan fenómenos de relaciones humanas que aparecen en los contactos de los trabajadores entre sí durante la actividad laborar y adquiere la forma de una conducta determinada que denominamos trato.

Cuándo una persona empieza a trabajar en una nueva empresa no se plantea solamente la cuestión de cual serán sus funciones o su sitio exacto de trabajo, sino que tambіén el se adapta a un tipo de ambiente social hasta entonces desconocido pero él ¿Encontrará colegas con las que entablará contacto a amistoso o bien no se adaptaran? ¿Sus nuevos compañeros están dispuestos a aceptarle o lo rechazarán? ¿Encontrará ayuda y apoyo para resolver sus problemas o se sentirá aislado? , ¿Será reconocido por los demás miembros del grupo o quedará en una posición externa?¿ ¿Tendrá un superior del que pronto ganará confianza y el que podrá explicarle sus preocupaciones y problemas o lo encontraran a una distancia inaccesible?. Todas estas cuestiones determinaran la adaptación al nuevo círculo de acción. De ello dependerá también su rendimiento.

El trato que reciba de los compañeros podrá constituir una plataforma favorable para el desenvolvimiento de sus fuerzas, pero también podrá consumirle muchas energías en caso de inadaptación.

El trato abarcó un concepto amplio o universal de las relaciones humanas. Se refiere a la forma particular como establecemos contacto con otras personas. Es la actitud que manifestamos en las relaciones.

De ahí que se den las formas fundamentales en ese contracto: Comportamiento que reflejan buen trato y comportamiento que reflejan mal trato hacia el interlocutor o grupo.

El lenguaje verbal y el lenguaje no verbal. Son, los medios más comunes para expresar y a la vez observar actitudes de buen o mal trato. El lenguaje verbal se evidencia en el vocabulario empleado, en el tono de la voz, en la forma en que nos dirigimos es decir, en las palabras que utilizamos y pensamos.

El lenguaje no verbal se evidencia en los gestos o ademanes que empleamos para relacionar con los demás. Es decir los movimientos corporales que en determinado momento pueden ser señal de maltrato o por el contrario señal de amistad y camaradería. La mirada que empleamos, la cortesía o buena educación que demostramos en casa y en el trabajo, son manifestaciones del tipo de persona que somos.

El buen o mal trato es indiferente a la raza, capacidad económica, nivel de estudios. Que sitio de vivienda, todos por ser seres socializados y tener la capacidad de razonar, podemos brindar buen o mal trato.

Para autores como Heinz Dirks el trato personal es la situación elemental para conocer el individuo, en cuanto a su educación - cultura e historia de vida.

Con relación a este último punto, expone que si un niño fue maltratado en su niñez, en la edad adulta tenderá a replicar este patrón de comportamiento en la relación con otros. Es por eso que vemos padres castigadores, que golpean a sus hijos inhumanamente.

Seguramente en la niñez recibió el mismo trato, lo grave de la situación es que de en la mañana los hijos lo imitarán, convirtiéndose la agresividad y mal trato en una cadena que a generación en generación.

Con el buen trato ocurre lo mismo, si tratamos bien a nuestros hijos a su vez ellos en el futuro replicarán estas conductas, con lo cual se mantendrá la armonía familiar y social.

A nivel laboral también se presenta el fenómeno de cadena. El mal trato puede comenzar por mí; esto ocurre por falta de cultura, educación, ambiente familiar agresivo en la niñez, falta de autocontrol del estrés o ira o ambiente actual conflictivo que se traslada al trabajo. Es probable que si doy mal trato recibo mal trato y rechazo de los demás. Puedo incluso perder el empleo y con ello perjudicar a quienes dependen de mí, lo cual es totalmente injusto. Sin embargo, no es algo irreversible. Aún cuando mi vid familiar no haya sido óptima o en mi personalidad no tenga los repertorios de conducta adecuados puedo hacer un esfuerzo por cambiar de actitud e incluso puedo buscar ayuda profesional.

El buen trato tiene muchas ventajas en nuestro medio. Específicamente en vigilancia y seguridad nos permite prestar un servicio de excelencia y altamente competente.

La calidad de vida en el trabajo puede mejorar notablemente, se verá la actividad laboral como la oportunidad de crecer, de desarrollarme y no como una pesada obligación. Esto permitirá alcanzar mayor estabilidad laboral además mi imagen de buen colaborador no me dejará conocer el desempleo.

El ser humano vive en sociedad. Y allí su requerimiento fundamental el de disfrutar de relaciones humanas armónicas. En efecto, todo el mundo sabe muy bien de lo satisfactorio y placentero que es el contar con buenas relaciones humanas y de la tragedia que significa el no tenerlas.

El tan inquietante y comentado "stress" (tensión) en los seres humanos es de manera predominante la consecuencia de experiencias de relaciones humanas insatisfactorias. Esto es, relaciones humanas perturbadas implican una amenaza claramente comprobada de problemas de salud tanto mental como orgánica.

Por otra parte la eficiencia y productividad en empresas e instituciones como las de vigilancia tienen como factor de primera importancia la constitución de equipos de trabajo que tengan buenas relaciones humanas. Porque en ambientes conflictivos y con discordias (antagonismos, resentimientos, desconfianza, etc.) sucede precisamente lo contrario.

De ahí la importancia de una adecuada comunicación con los compañeros de trabajo, la empresa, jefes y sociedad (clientes).

La Conducta Asertiva

Es la conducta que permite que una persona actúe en base a sus intereses o sus necesidades, expresar cómodamente sentimientos honestos, defenderse sin ansiedad inapropiada o bien ejercer tus propios derechos sin negar los de los demás.

En la práctica SER ASERTIVO es:

- Ser capaz de decir "no".
- Ser capaz de pedir un favor o petición si así lo requieres.
- Ser capaz de expresar tanto los sentimientos positivos como los negativos de manera adecuada.
- Ser capaz de comunicarse adecuadamente.
- Ser capaz de expresar tu opinión.
- Ser capaz de mantener los propios derechos.

Cuando nos comunicamos asertivamente además del lenguaje verbal tenemos que hacer servir adecuadamente una serie de elementos para que el conjunto expresado resulte hábil socialmente:

- Contacto de los ojos.
- Inflexión y volumen de la voz.
- Uso de las manos.
- Expresividad del rostro.
- Fluidez en el habla.
- Postura.
Distancia física.

En general podemos decir que existe una falta de habilidades sociales o asertividad en la conducta humana probablemente por algunas de las siguientes causas:

1. La comunicación asertiva se bloquea por un exceso de ansiedad condicionada a la situación interpersonal.
2. El sujeto no ha sido entrenado en habilidades sociales para actuar adecuadamente.
3. La falta de autoestima o bien confianza en uno mismo genera poca habilidad en el trato interpersonal.
4. La mayoría de personas poco asertivas tienen en común un tipo de pensamiento rígido, poco flexible, que funciona en términos de blanco o negro que les impiden resolver adecuadamente los problemas que se le presentan.

Tenemos tres estilos de comportamiento frente a cualquier situación interpersonal: Asertivo o hábil socialmente, agresivo y pasivo o no asertivo.

LENGUAJE VERBAL

- Las malas o buenas palabras
- Dar gracias
- Saludar,
- ser cortes Dirigirse con respeto a las demás Personas.

LENGUAJE NO VERBAL

- Mala cara o buena cara

- Expresión de cansancio
- Buen humor

50

4

CONOCIMIENTO Y MANEJO DE EQUIPOS

1.- EMPLEO DEL RADIO

El correcto uso del radio en las actividades de seguridad es muy importante, es igual al empleo de las armas de fuego, ya que va ha permitir que el G.S. informe oportunamente cualquier situación de riesgo o anómala y solicitar el correspondiente apoyo comunicándose con la empresa o Supervisor.

2.- NOMENCLATURA DEL RADIO

Existen diferentes tipos de radioteléfonos, dependiendo del modelo y la marca, los mas usados en nuestro medio, son radios sencillos de emplear, por esto conoceremos los nombres de las partes que lo componen:
ANTENA – BASE DE LA ANTENA – PERILLAS : ENCENDIDO Y VOLUMEN – SELECTOR CANALES – LUZ INDICADORA – CONECTORES AUXILIARES – OBTURADOR: STAND BY Y P.T.T. – ALTA VOZ Y MICRÓFONO – BATERIA – CARGADOR – MANOS LIBRES

3.- TECNICAS DE EMPLEO DEL RADIO

Antes de encender el radio, verifique que la antena y la batería estén bien colocados y ajustados.

Cuando vaya a efectuar el cambio de batería, apagar el radio y proceder al cambio.

El ESCOLTA debe permanecer con el radio en forma permanentemente.

El volumen se debe mantener bajo, suficiente para ser escuchado por el operador.

Las transmisiones se deben efectuar por periodos cortos y concretos, se debe pensar y organizar el mensaje antes de transmitirlo, el tener obturado demasiado tiempo recalienta los circuitos y este calor se transmite a la batería descargándose rápidamente.

Al modular por el radio, este debe estar en posición VERTICAL, y separado de la boca a 2.5 cmts aproximada- mente.

No exponer el radio al agua, los circuitos se oxidan y se aíslan; No someterlo a temperaturas altas, el calor dilata los circuitos y pierden la presión aislándose y protegerlo del polvo.

No emplear el radio: - Bajo tormenta, este puede permanecer prendido, no se debe obturar. – Bajo cables de alta tensión, estos crean una capa magnética e interfiere la señal, cuando hay fugas de electricidad puede causar lesiones personales al operador y/o daños en el radio. – Cuando se tenga sospecha de la presencia de explosivos, al obturar genera ondas y si el iniciador del explosivo es electrónico, este puede activar el artefacto explosivo. – Evitar los árboles, la copa de estos interfiere en la señal.

Si la frecuencia del radio esta ocupada, no transmita esto impide la comunicación de otros y la señal de su radio tampoco sale.

Contestar las llamadas oportunamente, en el programa esperar el turno. Tener disciplina en las comunicaciones : - Utilizar un vocabulario decente. – No hacer bromas. – No jugar con el radio. - No emplearlo para asuntos personales.

Empleo técnico de las comunicaciones:

INDICATIVOS : EMPRESA: COBRA BASE
SUPERVISOR : SUPERCOBRA
EL ALUMNO :COBRA 5

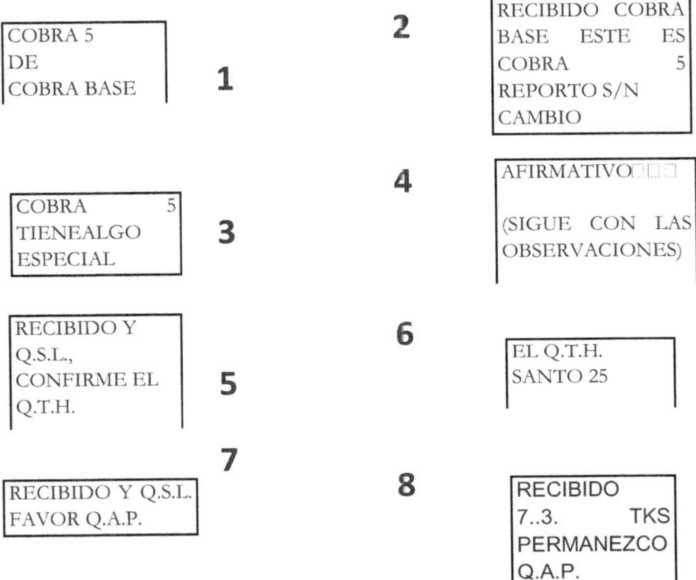

Emplear los códigos y las claves correctamente, identificarse con el indicativo asignado. Cuando la empresa tenga códigos, al emplearlos no de pistas. EJEMPLO : (VEHICULO : VENADO / INICIA : INDIO / DESPLAZAMIENTO:

DADO / CARRETERA : CAL / SITIO: SOL / para transmitir el mensaje El vehículo inicio desplazamiento por la carretera a su sitio, se debería decir: VENADO INDIO DADO CAL SOL, a los minutos, transmite, LE INFORMO. VENADO DETUVO DADO POR QUE SE PINCHO.

De igual manera, las claves se deben emplear cuando una orden por radio se presentan dudas en quien la esta transmitiendo, o cuando la orden se sale de lo normal, pero es lógica, se debe pedir autenticación, son de diferente tipo.

El operador o Supervisor da la Orden de permitir la entrada a su puesto de trabajo a un funcionario de los servicios públicos, se tiene información de un daño (Ejemplo: Fuga de Gas en el sector), es lógica la orden, pero no es común que esta situación se presente, el receptor solicita le autentique la orden, si es Martes, "AUTENTIQUE LA ORDEN TANGO", el que emite o da la orden si es correcto, le contesta: "RECIBIDO, TANGO CINCO", si se encuentra en una situación delicada, siendo capturado por la delincuencia, debe contestar : "RECIBIDO TANGO DIEZ", con esta respuesta esta informado que no debe cumplir la orden que se encuentra en situación de riesgo o amenazado, Ud. debe   contestar, "RECIBIDO Y Q.S.L. ", y comunicarse con la empresa por otro medio.

OTRAS CLAVES

Se pueden emplear otras claves, como los sobre nombres, EJEMPLO: Escoger un sobre nombre como CARA PIÑA, al final de la transmisión por parte de quien emite la orden, dice "Q.S.L. CARA PIÑA", cuando escuche esta clave debe informar a la empresa la situación que se esta presentando por otro medio diferente al radio y contestar "RECIBIDO Y Q.S.L ".

4.- CODIGOS

Existen diferentes códigos que son empleados por las instituciones como la Policía, Ejército, Fiscalía, D.A.S. entre otros; Cada empresa puede tener su propio código y es su deber aprenderlo y utilizarlo correctamente, conoceremos el Código de la "Q" y el Alfabeto Fonético conocido como código Alfa.

CODIGO DE LA "Q"

QAP : PERMANEZCA EN EL AIRE / ESTE ATENTO
QSL : ENTERADO DE LA NOTA
QTH : LUGAR O SITIO DONDE SE ENCUENTRA
QSO : PROGRAMA / REPORTE

OTROS CODIGOS

CODIGO	SIGNIFICADO	CODIGO	SIGNIFICADO
7 3	CORDIAL SALUDO	R.P.T.	REPITA POR FAVOR
W	NOMBRE	TKS	GRACIAS
R	RECIBIDO	O.K	OKEY – BIEN
M.O.	UN MOMENTO		

CODIGO ALFA / ALFABATO FONETICO

Este código es internacional y se emplea en la aéreo- navegación y es muy común en las autoridades del transito. Consiste en coger las letras de una palabra y convertirlas en palabras. EJEMPLO :

DELINCUENTE Palabra de 11 letras la persona que emite coge las 11 letras y las convierte en palabras así: D: DADO E: ELSA L: LOMA I: INDIO N: NIÑO

C: CARLOS U: UNION E: ELSA N: NIÑO T: TANGO E: ELSA
El que recibe la información, no coloca toda la palabra si no la primera letra DADO – Coge la D, ELSA – coge la E y así sucesivamente.

OTRO EJEMPLO: Transmitir las placas de un vehículo BUM 272 = BUQUE – UNION – MANO 2/7/2/
NUMERACION

Para la codificacion de los números se emplea la clave MURCIELAGO, así :

MURCIELAGO Se colocan los numeros de 0 ha 10 como ud. desee debajo de la palabra, 1 6 3 8 5 4 7 0 2 9 , para transmitir el Numero 19´386.542, se dice : MORCUIEG.

Otra forma de transmitir los números cuando no reviste de una clasificación en la información, asi :

01 PRIMERO / 02 SEGUNDO / 03 TERCERO / 04 CUARTO / 05 QUINTO / 06 SEXTO / 07 SEPTIMO / 08 OCTAVO / 09 NOVENO / 0 NEGATIVO
EJEMPLO : 19386542 Se transmite asi : PRIMERO NOVENO TERCERO OCTAVO SEXTO QUINTO CUARTO SEGUNDO

Los siguientes signos se transmiten así : . PUNTO / - GUION / (ABRA PARENTESIS /) CIERRA PARENTESIS - .... PUNTO SUSPENSIVO /

5

OBSERVACION Y DESCRIPCIÒN

Entre las obligaciones del escolta privado se encuentra la de observar todo cuanto ocurre en el transcurso de un dispositivo de seguridad, las personas y sus movimientos, vehículos, lugares, paquetes, etc. para poder prevenir y si fuese necesario actuar.

El escolta debe observar las personas que hay en el entorno, sus acciones, sus manos cuando se acercan al VIP, los objetos que portan, su vestimenta (si es normal para la época del año, el momento y lugar), su actitud, si es de espera, de observación, si son vistos en varias ocasiones en los mismos lugares. Debe observar vehículos que sonvistos en la zona de protección, que se detectan siguiendo a la cápsula de protección o seencuentran aparcados en las inmediaciones e infunden sospechas por no ser habituales o llevar varios días en el mismo lugar, etc.

Posterior a la observación será una **descripción** de lo que hemos visto, sean objetos, hechos o personas.

De los objetos habrá que retener en nuestra memoria las características mas sobresalientes.

En caso de un vehículo, modelo, marca, color, golpes en la chapa, roces, pegatinas, etc. ypor supuesto la matrícula.

Es conveniente realizar ejercicios de observación, consistentes en recopilar y recordar, transcurrido un tiempo, la mayor cantidad de detalles posibles. El escolta tiene queejercitarse para que los detalles importantes y que saltan a la vista se le queden en la memoria, para posteriormente hacer una descripción estructurada de la cosa o persona a describir.

La observación de personas debe de hacerse con un cierto orden y sentido, para poder identificarla posteriormente, a continuación daremos unas reglas básicas para la observación de una persona, pero haciendo antes un poco de historia de la identificación.

Toda persona tiene dos identidades, dos identificaciones, una identidad "civil", que sería elconjunto de factores jurídicos y normas que impone la sociedad, filiación, sexo, edad, naturaleza, profesión, etc. y una identidad física, donde se reúne el conjunto de características morfológicas, mejor aún, antropológicas, como son sus medidas, color de la piel, de sus ojos, cabello, temperamento, etc.

De hecho la identificación es una acción que venimos realizando diariamente ya que cadavez que nos encontramos con un amigo, un familiar, etc. hacemos un cotejo mental, instantáneo e inconsciente entre el individuo que en carne y hueso se nos presenta y la imagen que de el llevamos en la memoria.

Pero dado que la colección de imágenes que podemos retener e limitada (y en el trabajo de protección, el escolta tendrá que relacionarse con numerosas personas, teniendo contacto verbal o visual con ellas) la potencia identificativa natural es proporcionalmente menor a medida que aumentan las relaciones.

Parte de la actividad del escolta se va a desarrollar observando el devenir de personas, vehículos y cosas, de un lugar a otro.

Es necesario que el escolta, en un ejercicio diario aprenda a distinguir a sus semejantes, con objeto de asociar a cada uno de ellos con sus actos, conducta y comportamiento,para ello hay que recurrir a métodos que deben utilizarse correctamente.

El verdadero valor de la descripción personal está en saber escoger aquellos rasgos que más le distinguen de los demás.

Algunos autores dividen la descripción de los carácteres individuales en tres partes:

- Los caracteres de la cara.

- Marcas particulares. (Verrugas, tatuajes, manchas de la piel).

- Los caracteres de conjunto.

Contemplando la cara es preferible reparar preferentemente en el AREA DE PENRY, que es la limitada por un triángulo invertido cuyo lado base pasa por encima de los ojos, abarcando ojos, nariz, parte de las mejillas y extremidad del mentón.

Para realizar la descripción de una persona debe comenzarse la misma por el siguiente orden, rostro, tórax y extremidades, a continuación se exponen una serie de conceptos para realizar una descripción.

Pelo:

- Rizo. Ondulado. Liso. Calvo

- Negro. Castaño. Rubio. Pelirrojo. Canoso

- Cantidad normal. Entradas pronunciadas

Frente:

- Amplia o estrecha

- Recta o inclinada

- Abultada

Cejas:

- Próximas, separadas, altas, bajas

- Arqueadas, rectilineas, oblicuas internas o externas.

- Cortas, largas, anchas o estrechas.

Particularidades: Mas pelo en la cola que en la cabeza, cejijuntas, corridas: se juntan enlínea recta.

Si son calvas, encanecidas. Si son de diferente color

que el cabello, etc.Rostro:

- Redondo. Alargado. Cuadrado. Normal

Ojos:

- Color de los mismos.

- Tamaño si es destacable

- Cualquier otra característica.

Nariz:

- Respingona, aguileña, chata, roma, de boxeador.

Boca:

- Grande o pequeña

- Apretada (labios juntos)

- Abierta (se ven los dientes)

- Boca de liebre (una o dos hendiduras verticales en el labio superior suelen ser de origencongénito)

Cuello:

- Largo, corto, grueso (de toro), delgado, estrecho, ancho.

- Nuez prominente, papada.

Mentón:

- Agudo, redondo, rectangular

Corpulencia:

- Grueso, normal, delgado, atlético.

Raza:

- Blanca, negra, asiática, norteamericana, aceitunada

Edad y vestuario.

- Edad aproximada y tipo o características del vestuario.

Si se establece una conversación con el individuo o se escucha hablar, hay que fijarse en el acento, y se tratará de percibir el posible nivel cultural, según las palabras, el tono y estructuras utilizadas.

SICOLOGIA DE LA OBSERVACION

(1) ATENCION : Es todo hecho, actividad, personas que ocupan nuestros sentidos y nos permiten ponernos en alerta. **Atención Voluntaria :** Requiere de un esfuerzo y un control consciente de los sentidos para lograr que el individuo entre y se mantenga en la presencia del hecho.

Atención Involuntaria : Nuestros sentidos nos concientizan de un hecho sin ningún esfuerzo o control consciente de parte nuestra.

Atención Habitual : No requiere de esfuerzo, somos conscientes de un hecho sin esforzarnos, es esa atención permanente que pone constantemente en nuestra actividad.

FACTORES DE INFLUENCIA DE LA ATENCION :

Tamaño
Cambios
Interés
Condición orgánica
Sugestión
Repetición
Poder de impacto

(2). PERCEPCION :

Es la capacidad de comprender lo que esta sucediendo y tiene los siguientes factores de influencia Capacidad mental : Es la Capacidad de una persona para entender y comprender lo que esta sucediendo.

Antecedentes Educativos : La formación educativa es importante para que la persona tenga una mayor capacidad de entender lo que se le esta diciendo, sucediendo o haciendo.

Antecedentes Empíricos : Los conocimientos que se adquieren por el medio en que se desarrolla la persona nos brinda una mayor o menor capacidad de entendimiento.

Antecedentes Ocupacionales : Los conocimientos y destreza que se han desarrollado por la actividad ocupacional de la persona.

(3) REPORTE : Es la capacidad de Reconocer, recordar, analizar, relatar o describir con detalle un hecho, personas, actividad o las partes que componen nuestro medio.

Vocabulario : Es importante conocer los conceptos técnicos de nuestra profesión para elaborar el reporte, los nombres que se les dan a las cosas o actividad difieren de una región a otra, se debe emplear un vocabulario sencillo.

Tiempo de Sucedido : Reviste vital importancia, el tiempo que haya transcurrido desde el momento del hecho hasta que se reporte, por eso se recomienda tomar nota de los hechos, hacer anotaciones de las características especiales y de mayor importancia.

Repetición de Incidentes : El solo hecho que un incidente o actividad se repita con frecuencia, hace que el observador, adquiera una mayor facilidad de describir el hecho.

DESCRIPCION DE PERSONAS

Una vez el ESCOLTA conozca lo referente a los fundamentos en que se basa la observación, procederemos a conocer las características para poder describir a una persona:

SEXO : Femenino y masculino, estos se pueden disimular y cambiar de apariencia.

EDAD : Con base en su edad puede calcular la edad de otra persona, se recomienda calcular en lapsos de 5 años, Ejemplo : Una persona que tiene 42 años, se determina que puede tener entre 40 y 45 años aproximadamente. Se determinan en niños, jóvenes, adultos, viejos y ancianos.

ESTATURA : Con base en su estatura, puede calcular la estatura de una persona con base en la suya, aplicando el anterior criterio del lapso de 5 cmts. Se determinan Super alto, alto, mediano, bajo y enano.

CONTEXTURA : La contextura es la figura que se refiere a la persona Fornida, gruesa (gorda), mediana, delgada, flaca, raquítica. Otros aspectos que debe tener en cuenta es el Pecho y las caderas.

PESO : Esta se debe calcular con base en la estatura, si una persona mide 1,65 Cmts, el peso normal de esa persona es de 65 Kilos, de igual manera incide en la contextura de la misma.

IDENTIFICACIÓN Y TIPOS DE VEHÍCULOS

Debido al avance de la tecnología y la aparición de nuevas empresas fabricadoras y ensambladores de vehículos, nos encontramos con un sinnúmero de marcas de vehículos en el mercado que para su estudio y conocimiento en la materia que nos compete necesitamos de una constante actualización y conocimiento en el tema. Al conocer los diferentes tipos de vehículos, un contra vigilante tiene en sus manos una de herramientas más eficaces en la prevención de un posible atentado.

Una de las cosas más importantes en el conocimiento de los diferentes tipos de vehículos, dentro de un esquema de seguridad es hablar el mismo idioma para evitar confusiones que a la postre se pueden convertir en el hilo que hace la diferencia entre evitar o no un atentado.

TIPO	MARCA	COLOR
Automóvil	Mazda	Rojo
Campero	Mitsubishi	Verde
Bus	Internacional	Azul
Camión	Chevrolet	Amarillo
Jeep	Willys	Gris

Camioneta	Ford	Negro
Moto	Sususky	Blanco
Tracción Humana		
Tracción Animal		

Es muy importante en una descripción utilizar los colores básicos, No se usan los nombres de Aguamarina, Terracota, Azul cielo etc.

Cuando se menciona el TIPO debemos de mencionar algunas de las variedades que hay en vehículos EJ: Automóvil tipo sedan o Coupe, Camioneta tipo estacas o Cabinado etc.

CARACTERISTICAS

Conociendo el lenguaje del Tipo, Marca y Color, el paso siguiente es la descripción en si del vehículo en donde los alumnos mediante observación lenta y rápida deberán lograr analizar características, placas, condiciones y ocupantes de un vehículo y plasmarlo en un formato especial que para tal fin se elaboró, teniendo muy en cuenta la hora, el lugar y la fecha.

PLACAS

En el territorio nacional existen varias clases de placas con diferentes especificaciones que hacen la distinción entre vehículos particulares, vehículos de servicio público, vehículos diplomáticos, agregados diplomáticos, vehículos gubernamentales, vehículos con placas de exhibición y permisos de movilización restringida.

Actualmente las placas comienzan con tres letras y terminan con tres números.

Placas Particulares: Tienen un fondo amarillo y las letras y números están en negro. Se han asignado por letras de acuerdo al lugar, así por Ej. : los vehículos matriculados en Bogotá empiezan con la letra A, B, los matriculados en Neiva empiezan con la letra J, las de Zipaquira con la letra Z esto se puede determinar en la parte de abajo donde está escrito el origen de la matrícula del vehículo.

Placas de Servicio Público: tienen un fondo blanco y las letras y números están escritas en negro, en todo el territorio nacional empiezan por la letra S aunque cuando se hace un cambio de servicio de público a particular al vehículo le asignan las mismas placas de público pero con el fondo amarillo, hay que tener en cuenta que en los tractocamiones el remolque lleva un número de placa completamente diferente al del vehículo y empiezan por R y varios números.

Vehículos Diplomáticos: Tienen fondo azul y las letras están pintadas en blanco. Las dos primeras letras son CD y cuatro números.

Agregados Diplomáticos: Tienen las mismas especificaciones del anterior pero con la diferencia de que las letras son YT.

Placas Gubernamentales: Tienen un fondo verde y las letras están pintadas de blanco, pertenecen a vehículos del estado y empiezan con la letra O.
Placas de Exhibición: En algunos concesionarios se le colocan unas placas con una serie de números y letras. En algunos casos salen y transitan con ellas pero esto está prohibido.

Permisos de Circulación Restringida: Es un permiso que da transito para que un vehículo que no tiene placas transite de 06:00 a 18:00 horas únicamente.

CONDICIONES

Se refiere al estado en que se encuentra el vehículo, se da la clasificación de Bueno, Regular o Malo.

OCUPANTES

Se refiere al número de personas que ocupan el vehículo

CARACTERISTICAS

Es la parte más importante de la descripción de un vehículo, se refiere a elementos o factores claves que hacen diferentes los vehículos unos de otros así sean del mismo año, de la misma marca, de la misma casa, del mismo color o del mismo servicio. Se trata de efectuar una observación al detalle del vehículo y hacer resaltar su característica predominante que en determinado momento puede ser la clave en la identificación y localización de un velero. Ej. Un guardabarros hundido, vidrios polarizados, nombres publicitarios etc.

INFORMACIÓN ADICIONAL

Se refiere a la información adicional que el contravigilante haya podido recolectar con relación al vehículo descrito.

6

MODUS OPERANDI

PROCEDIMIENTO DELINCUENCIAL

Es el modo en que opera la delincuencia, otra definición es:

Son las técnicas y formas que la delincuencia emplea para realiza los
ilícitos

ORIGENES DEL DELITO

Hablar de las técnicas que la delincuencia emplea es un tema bastante
amplio, por ello conoceremos el origen de los delitos, que va paralelo
al origen de las amenazas, las ventajas y desventajas de los diferentes
orígenes, siendo lo mas importante la conciencia y procedimientos que
debe tener el ESCOLTA.

(1) INTERNO: Es originado por el personal que labora dentro de
una organización o vive dentro de un conjunto residencial o edificio.
Veamos las ventajas, desventajas que presenta el ESCOLTA y el
delincuente y procedimientos para prevenir, detectar o evitar este tipo
de ilícito.

(2) EXTERNO: Es cuando el delincuente viene de afuera, es
originado por terceras personas.

DELINCUENTE

Puede obtener ciertas ventajas si se le permite, requiere de una vigilancia intensa para conocer las instalaciones, sistemas de seguridad y ganarse la confianza de los empleados y del ESCOLTA, normalmente siguen un patrón y tienen una guía para ejecutar los ilícitos, de la cual pueden o no seguirlo al pie de la letra.

GUIA DEL DELINCUENTE

- **<u>SELECCIÓN DE VARIOS OBJETIVOS</u>** : De acuerdo al motivo que lo lleva a cometer el delito, seleccionan sus víctimas y objetivos. EJEMPLO: Motivo económico un asalto, atraco, robo o un secuestro en otros, si es de presión un atentado terrorista, un secuestro, amenazas etc. Analizan sus motivos y posibles víctimas y proceden hacer una Vigilancia.

- **<u>VIGILANCIA:</u>** Los tipos de vigilancia que desarrollan los delincuentes son Fijos y móviles, empleando para ello tres tipos de técnicas, así:

- **FACHADA:** Es un disfraz que emplean asumiendo diferentes tipos de personajes, desde un reciclador hasta un gran ejecutivo de empresa, son las personas encargadas de conocer los dispositivo de seguridad y el rol de una empresa en su interior, la rutina y controles.

- **INFILTRACION:** Cuando alguien de la organización de delincuentes entra a laborar en el objetivo, personal temporal, reemplazos, contratistas o sub-contratistas.

- **PENETRACION:** Esta técnica requiere de un mayor trabajo y no siempre es segura para la organización de delincuentes, es hacer cambiar de mentalidad, principios morales y éticos a una persona que este laborando dentro del objetivo mediante engaños y artimañas, de no lograrse conocen las debilidades de esa persona e inician a presionar para que colabore y suministre información.

- **<u>RECOLECCION DE LA INFORMACION Y ANALISIS:</u>** En forma simultanea con el punto dos, inician a recoger la información obtenida, montando una maqueta y/o organizando la información, determinando puntos vulnerables, procedimientos, accesos, personas que laboran y sus actividades personales, rutas de acceso, edificaciones, sitios de frecuencia, viviendas, autoridades, etc. y analizan la información.

- **<u>TOMA DE DECISION:</u>** De acuerdo al análisis realizado a la información determinan que paso seguir o cambiar de objetivo, viene la toma de la decisión.

- **<u>PLANEAMIENTO:</u>** Si la decisión tomada es continuar con la acción, viene el planeamiento, que comprende determinar que es lo que van hacer, como lo van hacer, quienes van a participar, que medios van ha utilizar, como lo van hacer, lugares de reunión, escondites, sitios alternos, claves, rutas de escape, hora y fecha de la acción.

- **<u>EJECUCION:</u>** Antes de entrar en acción realizan entrenamientos en sitios similares al objetivo real, visitan el objetivo para familiarizarse con el entorno y conocer al detalle el sitio, empleando su mejor arma la SORPRESA.
La anterior guía puede tener variaciones, omitir algún punto, agregar puntos o modificar su orden.

ESCOLTA

Las ventajas del ESCOLTA es que conoce el sitio de trabajo, puede detectar mediante la contra/ vigilancia al delincuente.

PROCEDIMIENTOS

- Para detectar este tipo de delito se requiere por parte del ESCOLTA seguir los siguientes procedimientos:

Observar en todo momento su entorno y el interior, personas y actividades, vehículos, ventas ambulantes, retener esta información.

- Cualquier indicio, comunicarlo al superior, si es necesario tomar contacto con las autoridades.

- No dejarse abordar de personas extrañas y empleados, para no dejarse sorprender y no perder la visibilidad.

- Tener un plan de acción a seguir, un campo de tiro y la protección adecuada.

(3) **COMBINADO:** Es cuando se presentan alianzas entre el externo e interno, siendo cualquiera de los dos el iniciador, COMBINADO INTERNO: Cuando el delincuente trabaja dentro de una organización y recurre a un terceros que viene de afuera para que cometan el ilícito, suministrándoles la información y preparándoles el terreno. COMBINADO EXTERNO: Cuando el delincuente de afuera, mediante vigilancia determina a un trabajador de la empresa y le propone la alianza.

TIPOLOGIA DEL TERRORISMO:

El Terrorismo se puede usa en varias situaciones y dirigida hacia diferentes objetivos :

- **REVOLUCIONARIO**: El terror usado como instrumento para derrocar a un gobierno.
- **SUB-REVOLUCIONARIO**: El terrorismo usado para ganar influencia dentro del gobierno.
- **REPRESIVO**: El uso del terror en contra de sectores de la sociedad, grupos étnicos, o grupos religiosos (KU KLUX KLAN).

De esta Tipología se desprenden las siguientes características de terroristas : - CRIMINALES - DEFENSORES POLITICOS - TERRORISTA SICOPATAS - SEPARATISTAS - MARXISTAS REVOLUCIONARIOS - ANARQUISTAS - MERCENARIOS IDEOLOGICOS - TERRORISTAS CONTRA-TERRORISTAS - TERRORISTAS NEO-FASCISTAS - ULTRA DERECHISTAS - TERRORISTA DEL ESTABLECIMIENTO - FANATICOS RELIGIOSOS - NARCO TERRORISTAS.

ESTRUCTURA DE LAS ORGANIZACIONES TERRORISTAS (O.T.)

La mayoría de las O.T. están estructuradas para operar en células pequeñas, de difícil infiltración, lo que permite el compartimiento de sus actividades, por lo que poco se conoce de la Estructura - Seguridad y Comunicaciones, están organizadas por las siguientes secciones :

- SECCION DE INTELIGENCIA
- SECCION LOGISTICA O DE APOYO
- SECCION DE ASALTO

SITUACION INTERNA DEL TERRORISMO EN COLOMBIA

(1) GENERADORES DE VIOLENCIA EN COLOMBIA
- SUBVERSION
- PARAMILITARES
- NARCOTRAFICO
- DELINCUENCIA ORGANIZADA

(2) GRUPOS TERRORISTAS

FARC	E.L.N.	A.U.C.
106 ESCTRUCTURAS SUBVERSIV.	48 ESCTRUCTURAS SUBVERSIVAS	8 BLOQUES DE GUERRA
17.000 HOMBRES	2.000 HOMBRES	12.HOMBRES
APARATO FINANCIERO FUERTE	APARATO FINANCIERO DEBIL	APARATO FINANCIERO FUERTE

(3) FACTORES GENERADORES DE LA VIOLENCIA
- IMPUNIDAD - POBREZA - CORRUPCION - DESEMPLEO -
- APATIA SOCIAL - FALTA DE EDUCACION MORAL -

CLASIFICACION DE ACTOS TERRORISTAS

EMPLEO DE ATENTADOS CON A.E.I.: (Bombardeo) Es la acción que realizan los criminales como son : Amenaza de Bomba - Activación de bombas y cualquiera de los siguientes actos.

SABOTAJE : Se denomina Sabotaje al daño que se pueda ocasionarse en forma premeditada a una empresa, destruyendo o dañando, maquina, vehículo, materia prima, documentación.

SECUESTRO : Privar de la libertad a un individuo, retener u ocultar a una persona con el propósito de exigir por su libertad un provecho o cualquier utilidad o, con otros fines cualquiera que estos sean.

EXTORSION : El que constriña(obligar) a otro a hacer, tolerar u omitir alguna cosa, con el propósito de obtener provecho ilícito para si o para otros.

ASESINATOS : El que mata a otro (Homicidio), y que su finalidad sea el de atemorizar una porción de la población civil o autoridades, se enmarca dentro del terrorismo.

ASALTOS ARMADOS : Técnica empleada por delincuentes o terrorista, dirigido a instalación u objetivos puntuales, con violencia sobre las personas o las cosas, colocando a las victimas en inferior de condiciones, mediante penetración o permanencia arbitraria, engañosa o clandestina y cuyo objetivo sea el buscar un provecho ilícito para si o para otros.

EMBOSCADAS : Técnica empleada por terroristas, mediante sorpresa o engaño, empleando armas pretenden impedir transitoriamente el libre funcionamiento del Régimen Constitucional.(Sedición) (Especialmente dirigido a miembros de la Fuerza Pública).

AMENAZA : Suscitar pánico o miedo, por medio de escritos, llamadas telefónicos u otros medios.

ESTRUCTURA DE LAS ORGANIZACIONES TERRORISTAS (O.T.)

Desde una perspectiva general es posible sostener que el terrorismo es un método cuyo objetivo es sembrar el terror para establecer un contexto de intimidación, generar pánico, producir histeria y miedo. Es preciso mencionar que de acuerdo con la Resolución 1373 del Consejo de Seguridad de la ONU, todo acto de terrorismo internacional es *una amenaza a la paz y a la seguridad internacionales*. Además, los actos terroristas ponen en peligro la vida y *el bienestar de las personas* en todo el mundo (Resolución 1269 del Consejo de Seguridad de la ONU).

En este sentido, el concepto de terrorismo incluye los siguientes elementos:

Secreto (en particular, secreto en la preparación).

Operación encubierta.

Busca liquidar el orden y el respeto a la autoridad (w).

El terrorismo se legitima si se le responde mediante la comisión de actos terroristas.

COMO IDENTIFICAR AL TERRORISTA

Generalmente es una persona joven y forastera.

Es desconfiado y no deja revisar sus pertenencias, adopta una posición de nerviosismo.

Estudia y pasa frecuentemente por el lugar donde piensa colocar el artefacto

Los paquetes que porta son de poco tamaño.

La mayoría de las O.T. están estructuradas para operar en células pequeñas, de difícil infiltración, lo que permite el compartimento de sus actividades, por lo que poco se conoce de la Estructura - Seguridad y Comunicaciones, están organizadas por las siguientes secciones :
SECCION DE INTELIGENCIA
SECCION LOGISTICA O DE APOYO
SECCION DE ASALTO

FUENTES DE FINANCIACIÓN

Las FARC. Obtienen sus finanzas mediante la extorsión, el secuestro, el gramaje (porcentaje de la coca procesada) la "vacuna ganadera" e industrial en las ciudades que manifiesta tener.

PROCEDIMIENTOS DELICTIVOS

Las FARC vienen poniendo en práctica entre otros los siguientes procedimientos:

Para los desplazamientos de cuadrilla, se organizan en cuatro (4) grupos denominados "grueso, avanzada, retaguardia y flancos derecho e izquierdo".

Los vehículos propios de la organización guerrillera en ningún momento son empleados para el desplazamiento de bandoleros (se obliga a los del área).

Algunos integrantes de las redes urbanas, son bandoleros (raídos directamente de las cuadrillas.

Para desplazamientos nocturnos, generalmente los grupos de bandoleros vienen empleando los caminos y zonas descubiertas.

Para llevar a cabo la comunicación entre las diferentes cuadrillas y con el estado mayor, emplean el radio marca YAESU- F-77

DEBILIDADES

La vinculación de algunos de sus integrantes en la realización de delitos comunes y las alianzas hechas con los grupos de narcotraficantes les restará imagen e importancia en la opinión nacional.

La imposición de métodos y técnica que van en contra de la voluntad de los campesinos e indígenas como el reclutamiento forzoso, va incidir directamente en la moral disciplina de la organización.

Aplicación drástica de los estatutos reglamentos de la organización por algún cabecillas de cuadrillas, han incidido en la deserción y abandono de algunos de sus integrantes.

El grupo está perdiendo base político ideológica a raíz de los cambios en el comunismo internacional.

CARACTERISTICAS PERSONALES DE LOS TERRORISTAS

La constante preocupación por estudiar y conocer el fenómeno terrorista, ha llevado a los investigadores a precisar las características personales del terrorista, se destaca entre ellos el profesor Ferracuti, quien precisa: "En muchos casos los terroristas son solitarios, han quedado huérfanos a temprana edad, han tenido fracasos profesionales o educativos, sin personas que han tenido algún problema en el hogar o problema de ajuste con la vida, con la sociedad o inclusive problemas originados en su cerebro.

Por lo general provienen de la clase media, con un nivel superior al promedio. A menudo son atormentados por sentimientos de culpa.

Swanson, Bohnert y Smith sistematizan los rasgos de los autores de la muerte de los presidentes norteamericanos en los siguientes apartados :

1. Los asesinos eran desplazados desde un punto de vista nacional :

a. Cuatro era emigrantes

b. Tres eran hijos de emigrantes

c. Uno había desertado de su país.

2. Los asesinos eran producto de constelaciones familiares deterioradas. Todos se separaron de uno de ambos progenitores antes de los 14 años.

3. En cada caso existía una alta incidencia de trastornos psiquiátricos a nivel familiar. Cuatro de los asesinos tenían padres sicóticos y dos madres sicóticas.

4. Durante la infancia se había puesto de manifiesto en todos los casos la existencia de una personalidad esquizoide o agresiva.

a. Cinco fueron tímidos, retraídos, obedientes

b. Tres eran rebeldes, indómitos y tendientes a las explosiones temperamentales.

5. Los asesinos eran de baja estatura, todos eran delgados y median entre 1.50 y 1.65 metros.

Todos tuvieron una mala adaptación familiar

6. Todos tuvieron una mala adaptación heterosexual

Seis eran solteros - Dos estaban separados o divorciados

7. Todos eran diagnosticables como paranoides en el momento de cometer el homicidio

Siete eran esquizofrénicos paranoides.

Uno era de personalidad paranoide con episodios sicóticos

PROPOSITOS DEL TERRORISMO

Forzar concesiones específicas tales como : pagos de rescate, liberación de prisioneros, etc.

Obtención de publicidad, los terrorista esperan llamar la atención hacia su causa para proyectarse como una fuerza con méritos de ser reconocida. La publicidad ganada con los actos amenazantes de violencia, la atmósfera de miedo y la alarma creada hace que la gente exagere la importancia y la fuerza de los terroristas y su movimiento.

Causar y expandir el desorden, desmoralizar la sociedad y romper por completo el orden social existente.

Provocar deliberadamente la represión, las represalias y las acciones de contraterrorismo con la cual finalmente se puede conducir el colapso de un gobierno que no es popular. Ejemplo: actos deliberantes como secuestros de diplomáticos o la violencia indiscriminada contra civiles, diseñada para colocar al gobierno en situación embarazosa y empujarlo a reaccionar con mano dura. El gobierno puede así ser inducido por los terroristas a su propia destrucción.

Asegurar obediencia y cooperación. Ejemplo: los desertores son raptados y misteriosamente asesinados, los disidentes son arrestados a media noche, la gente desaparece y las torturan se expanden, y como en otras formas de terrorismo, el objetivo se obtiene en la audiencia.

El terrorismo frecuentemente tiene el significado de castigo. Los terroristas a menudo declaran que la víctima de su ataque, sea persona u objeto, es en alguna forma culpable o es el símbolo de algo que ellos consideran culpable. Las víctimas de la masacre del aeropuerto de Lod en 1.972, muchas de las cuales eran peregrinos cristianos de Puerto Rico, se dijo por parte de la organización Palestina responsable del ataque, que eran culpables porque habían llegado a Israel con visas de Israel y por consiguiente hablan reconocido en forma tácita aquel estado declarado enemigo de los Palestinos y que al llegar a Israel habían entrado simplemente a una zona de guerra.

HISTORIA TERRORISTA

El terrorismo no corresponde solo a nuestro siglo, al hacer una retrospección, se registran los siguientes momentos que causaron terror y destrucción de incontables vidas.

TERRORISMO JACOBINO

Propone la violencia como instrumento de poder. En el siglo XVIII el Jacobinismp pretendió por medio del terror destruir así propia religión y cultura, fue esta la llamada "República del Terror", en donde la persecución sangrienta y el cruento anticristianismo eran la nota cotidiana. La guillotina eregida en la entonces llamada "Plaza de la República",   constituyó signo y práctica de la forma mediante la cual los Jacobinos se hacían obedecer y gobernaron durante una década de tiranía destructiva. Entre los hechos sangrientos mas crueles de la primera época del Terrorismo Jacobino figura el de la ejecución de las monjas carmelitas de Compiégne.

TERRORISMO ANARQUISTA

El anarquismo o nihlibismo del siglo XIX comprendió al diabólico designio de no sólo destruir por terror las creencias religiosas y la nobleza europea, sino también aniquilar la noción de patria, autoridad y de propiedad. Nació en Rusia a mediado a del siglo Pasado con el asesinato del Zar Alejandro II en 1.881.   (El   nihilismo   era palabra usada en Francia antes de 1.848).

Los anarquistas premeditaron y pretendieron destruir por completo las bases fundamentales de nuestra civilización para reemplazarlas por otras nada claras ni precisas.

TERRORISMO BOLCHEVIQUE

En 1. 917 Lenín se alío a TrotsKy y los dos formando parte de la dirección del partido Bolchevique, arrojaron del gobierno ruso a Kerensky. Una vez efectuada con violencia, en octubre de ese año esa primera purga y vencidos los rusos blancos levantados en armas, capitaneados por los Generales Denikin y Wrangel para derrocar a Lenin, éste desató en su patria el mas cruel Terrorismo para imponer la tiranía bolchevique.

La familia real fue bárbaramente ejecutada junto con el Zar Nicolás II, las Penas de muerte y el destierro se aplicaron a granel a quienes fueron considerados adversarios políticos. El terror reinó en toda Rusia. La religión cristiana quedó proscrita. Se estableció el trabajo general obligatorio. Se pretendió destruir la institución de la familia facilitando los divorcios Y los abortos y tratando de quitar a las mujeres el sentimiento burgués de maternidad la libertad y los derechos humanos desaparecieron.

Quedó impuesto un feroz despotismo y una centralización absoluta en materia política. El nuevo Estado, creado en Rusia por la Constitución del 10 de Julio de 1.918, tomó el nombre de la Unión de las Repúblicas Socialistas Soviéticas y enseguida buscando extender él ámbito de su dominio por el mundo entero, incitó a los obreros, estudiantes, soldados y campesinos de todas las naciones a comenzar una feroz lucha de clases. Lenín fundó en Moscú, la llamada tercera internacional destinada a propugnar e imponer en todos los países, la dictadura del Proletariado, para llegar a la abolición de las clases sociales y a la destrucción de ese instrumento de opresión y explotación que es el Estado y de ese opio del pueblo que es la religión.

TERRORISMO MARXISTA-LENINISTA

A la muerte de Lenín, dos de sus discípulos se trazaron lucha por sucederlo, Trotsky y Stalín, los dos querían reemplazarlo en la aplicación en Rusia de la doctrina marxísta-leninista y proseguir bajo el signo de esa doctrina en el Terrorismo Bolchevique.

Aparte de sus propias ambiciones personales de ser ambos los amos de Rusia. había entre ellos discrepancias respecto de cómo llevar adelante la revolución Bolchevique.

Para Trotsky al igual que lo había pensado Lenin, el comunismo ruso solo podría sobrevivir si la revolución de su país se convirtiera en una revolución mundial

En cambio Stalin sin renegar por completo de la idea de la revolución mundial, la relegaba aun segundo piano por considerarla de imposible realización en su época (década 20) y propugnaba que por el momento lo urgente era realizar, lo por él llamado comunismo en un solo país.

TERRORISMO NACIONAL SOCIALISTA

El nacional - socialismo, más conocido en la historia con el nombre de nazismo, tuvo coro líder indiscutido, desde que comenzó a actuar en Bavíera a: Adolfo Hitler.

Comenzó su carrera política en 1.919, carrera que en diez (10) años lo situó de simple cabo del ejército Alemán a Führer (amo absoluto de toda Alemania). Luego de las Campañas de anexión de Austria, Checoslovaquia y Polonia y la invasión de Bélgica, Holanda, Hungría, Noruega Francia y Yugoslavia, Rumania, Grecia, Norte de Africa, países Bálticos y gran parte de Rusia Oríetal, Hitler quedaría convertido en dueño de casi toda Europa.

Hitler demostró ser siempre el mismo Personaje siniestro y el Terrorismo nacional, socialista que él implantó sobrepasó en horrores cometidos a los otros terrorismos europeos anteriores. Si bien es cierto los Jecobinos y los Bolcheviquies se especializaron en cometer torturas, asesinatos y ejecuciones a granel, ellos actuaron dentro le las fronteras de sus países (Francia y Rusia), mientras que el terrorismo nazista, no sólo ejerció en Alemania sino en muchos de los países que Hitler dominó; terrorismo impulsado hasta su máxima expresión de 1.933 a 1.944.

Hitler declaraba que odiaba al Parlamento Alemán y a los parlamentarios y que cuando llegara al poder destruiría la República.

EL CONFLICTO ARABE - ISRAELI

Palestina, franja de tierra dividida por el río Jordán en la región que los judíos llaman protegida por Dios a su pueblo, vio surgir el terrorismo, después de la segunda guerra mundial. Conflicto originado a raíz de la constitución del Estado de Israel.

PRINCIPALES GRUPOS TERRORISTAS

A continuación veremos un perfil aunque no muy profundo de las principales organizaciones terroristas del mundo. En la mayoría de los casos, como lo dijimos anteriormente son grupos pequeños.

TUPAMAROS DEL URUGUAY

Derivan su nombre del Príncipe Inca Tupac- Amaru, capturado y ejecutado por los españoles luego que en 1.780, desatara una rebelión armada en su contra.

Los Tupamaros sostuvieron una lucha en el Uruguay sólo durante unos cuantos años terribles del siglo XX. Su movimiento de Liberación Nacional (MLN) surge de una escisión del partido socialista Uruguayo en 1.962 y sus primeras incursiones las realizó en 1.963, en un país afortunadamente libre de la injusticia desatada y la miseria que prevalecía en América Latina.

Los Tupamaros nunca lograron avanzar mucho en los sindicatos, aunque no dejaron de intentarlo. Eran marxistas radicales, entregados al cambio revolucionario profundo que se inicio, claramente con buenas intenciones.

Al igual que los revolucionarios de la clase media en todas partes, se sentían impulsados por un sentido firme de culpabilidad social, en su frase inicial actuaron como Robin Hood quitándole a los ricos para darle a los pobres, pero en 1.969 su líder Raúl Sendic dispuso la organización de la guerra de guerrillas, a partir de 1.970, los Tupamaros lanzaron bombas, incendiaron, robaron, secuestraron y mataron con un despliegue asombroso de energía, capacidad inventiva y desafío.

FARC (FUERZAS ARMADAS REVOLUCIONARIAS COMUNISTAS) COLOMBIA

Nacen formalmente hacia el año 1.964, cuando se realiza la primera conferencia del Bloque Sur de Colombia, que unificó en la nueva organización a todos los destacamentos guerrilleros que operaban en esa región. Sus orígenes se remontan a los años 40.

Su máximo jefe MANUEL MARULANDA VELEZ, conocido también como TIROFIJO, se vinculó a la lucha guerrillera en 1.949, cuando pasó a engrosar los pequeños grupos de liberales rebeldes.

En 1.950 participó en la organización de toda una cadena de destacamentos que crecieron por la masiva vinculación de liberales y comunistas.

En 1.951 entró en relaciones con el partido comunista, declarando MARULANDA en años posteriores: "Nos venimos guiando por las orientaciones del único partido que ha estado con nosotros siempre, el partido Comunista y lo seguimos haciendo invariablemente.

Sus objetivos de lucha los enmascaran en propuestas de programas que contemplan transformaciones en la estructura económica y política de la sociedad.

Luchan contra el imperialismo norteamericano, el capitalismo financiero, los monopolios y los altos mandos militares que no quieren permitir que en el país haya amplias libertades democráticas.

Inicialmente sur medios de lucha eran los propios de las guerrillas, poco a poco fueron incursionando en actividades terroristas, llevando su lucha del campo a la ciudad. logrando intimidar a la población y sembrar el caos; no solamente en el campo sino en ciudades y carreteras del país.

EUSKADI TA ASKATASUNA-ETA :ESPAÑA

Su primera aparición ocurre en 1.968; el Número de miembros es aproximadamente de ochocientos hombres; su área operativo, España y Sur de Francia; sus tácticas: los asesinatos, secuestros, atentados, sabotajes, robo de armamento y atracos.

Su orientación política se define como movimiento revolucionario de liberación nacional, antiimperialista y anticapitalista. Sus objetivos son la Policía Nacional, la Guardia Civil, las Fuerzas Militares, Políticos, Empresarios, Industriales, e intereses franceses en España.

FUERZAS POPULARES DEL 25 DE ABRIL (FP-25)
PORTUGAL

Aparece por primera vez en abril de 1.980; cuenta con unos 50 miembros, su área operativa Portugal; tácticas: bombas contra propiedades, atentados de bajo riesgo contra objetivos no protegidos. Su orientación Política antiimperialista, anti-Estados Unidos, anti-OTAN (Organización Tratado Atlántico Norte) y anticapitalista; las acciones de protesta de los trabajadores en huelgas y manifestaciones. Sus objetivos son los industriales y grandes terratenientes, policía Y diplomáticos extranjeros.

EJERCITO REPUBLICANO IRLANDES (IRA) IRLANDA E
INGLATERRA

Aparece en 1.914; tiene aproximadamente 50 miembros; su área está en Irlanda del Norte e Inglaterra; tácticas: los atentados, guerra de guerrillas sabotajes y asesinatos.

Su orientación Política representa a la minoría católica opuesta a la mayoría protestante; busca la unión de la República de segregando al ULSTER de Gran Bretaña; sus objetivos: las tropas Británicas,

Policías, interés, protestantes unionistas y autoridades Británicas.

CELULAS COMUNISTAS COMBATIENTES (C C C) BELGICA

Su Primera aparición ocurre en octubre de 1.984; el número de miembros es de aproximadamente de cincuenta hombres; su área operativa está en Bélgica; tácticas: bombas diseñadas para causar daños en propiedades y atentados de bajo riesgo contra objetivos no protegidos. Su orientación Política anticapitalista y antiimperialista; se opone a la instalación de misiles tipo crucero de Bélgica; sus objetivos son las multinacionales norteamericanas relacionadas con misiles crucero y Pemchin Il y oleoductos de la OTAN.

CELULAS REVOLUCIONARIAS (C 2 ALEMANIA FEDERAL)

Aparece por primera vez en 1.973; tiene unos setenta hombres; su área operativa Alemania Federal; tácticas: bombas - e incendios contra objetivos desprotegidos, política: anti-OTAN y anti-nuclear. Sus objetivos son multinacionales y objetivos militares norteamericanos, instalaciones nucleares, estaciones de policía, bancos alemanes, empresas relacionadas con la defensa y el sector de la informática.

FRACCION DEL EJERCITO ROJO (R.A.F) EUROPA OCCIDENTAL

Su primera aparición ocurre en mayo de 1.972; el número de miembros se calcula en cuarenta hombres; su área operativa Europa Occidental, principalmente Alemania Federal, Bélgica, Holanda, Francia, Austria y Suiza; sus tácticas, los asesinatos, secuestros y artefactos explosivos por control remoto. Su orientación política es anticapitalista y antiimperialista. Sus objetivos son los líderes políticos, industriales alemanes de alto nivel y personalidades norteamericanas.

BRIGADAS ROJAS (BR) ITALIA

Su primera aparición en 1.970; los integrantes rueden ser unos setenta y cinco hombres; su área operativa Italia; tácticas : asesinatos, secuestros, robo a mano amada y atentados contra objetivos claves: suelen marcas a sus víctimas con un tiro en la rodilla. Su orientación política, antiimperialista, anticapitalista y anti-OTAN. Sus objetivos son los industriales, policías, militares, políticos, periodistas, oficiales de la OTAN, militares norteamericanos y diplomáticos.

BANDA BAADER MEINHOF (ALEMANIA)

Surge en la década del 60, cuando Andreas Baader y Ulrike Meinhof unieron sus fuerzas para aplastar a la burguesía alemana y cuando los Tupamaros de Berlín Occidental acabaron de iniciar su programa bombas para la paz.

EJERCITO ROJO JAPON

Tuvo el punto máximo de su gloria en los grandes levantamientos estudiantiles de 1.968 y 1.969, en esta época tenía aproximadamente cuatrocientos seguidores izquierdistas violentamente revolucionarios y un dominio hipnótico sobre el público.

Después de una visita de George Habash a Corea en 1.970 son invitados para que participen en empresas conjuntas y una unidad internacional Japonesa, bajo los auspicios de la PFLP en Beirut.

EJERCITO DE LIBERACION NACIONAL (E.L.N.) COLOMBIA

Nació con diez y siete hombres al mando de Fabio Vásquez Castaño, ha sido el grupo más radicalista y violento del País. Desde su nacimiento se ha dedicado solamente al terrorismo, especialmente contra la Fuerza Pública y las empresas petroleras que funcionan en Colombia. Fue dirigido por un cura español llamado el "Cura Pérez"

RECOMENDACIONES PREVENTIVAS DE UTILIDAD GENERAL

Cada jefe de oficina o dependencia debe mantener un listado de los sitios más probables donde un terrorista podría colocar una bomba. Este listado debe incluir:

Columnas de los ascensores
Accesos a las tuberías
Areas de almacenamiento
Cuartos de archivo y correo
Cielos rasos
Tableros de control
Depósito inflamables
Panales y estantería
Baños, puertas y ventanas
Areas de servicio, closets, etc.
Válvulas de gas o combustibles.
Cajones en general.
Esta lista no es completa, pero sirve de guía para mantener cierto grado de vigilancia sobre estos sitios y puede ser de ayuda para personal de búsqueda. Además de lo anterior, a nivel general, se debe informar a todo el personal sobre el contenido de las siguientes medidas de prevención en la lucha contra los agentes terroristas:

Medidas preventivas de ejecución permanente dentro de una instalación:

Establecer la requisa de paquetes que entran a áreas críticas o sensitivas.

Desarrollar la actitud de la seguridad para reportar personas sospechosas u objetos dudosos.

Establecer un programa de inspecciones periódicas. Esto puede hacerse como una tarea más de la inspección de aseo para no levantar suspicacias.

Comprobar la seguridad de los accesos a las áreas claves como: computadores, calderas, cuartos de correo, comunicaciones, cuartos de control, salas de máquinas y closets.

Verificar los procedimientos de manejo de las llaves y asegurarse de que las puertas de incendio o de emergencia estén funcionan correctamente.

Comprobar la vigencia, localización y estado de funcionamiento de los extinguidores.

Inspeccionar las zonas de despacho, recibo de materiales, garajes y parqueaderos.

Disponer una protección adecuada para los documentos de valor.

Inspeccionar las mallas protectivas, los sistemas de alarma e iluminación. Proteger las ventanas de los pisos bajos con enrejado.

Ordenar mantener sacos de arena y colchones que son de mucha utilidad en caso de localizarse el artefacto explosivo. Una frazada anti-explosivos disminuye el efecto de la onda explosiva

Instalar un CCTV en los sitios claves es un excelente disuasivo para el terrorista.

Instalar los detectores de metales y explosivos en la portería principal es una buena práctica.

Mantener linternas de mano, baterías y algunos reflectores.

Colocar avisos cono: "Zona vigilada por TV", ha demostrado ser de utilidad para disuadir.

Las entradas y salidas se pueden modificar con un gasto mínimo con el fin de canalizar a todo el personal a través de un punto de registro y control.

Las personas, a la entrada, deben firmar un registro indicando la persona a quién van a visitar. Luego deben pasar a una sala de espera, mientras el portero hace el anuncio. El empleado visitado debe salir a la sala y conducir al visitante a su oficina. Al salir, el empleado debe firmar la boleta de entrada indicando la hora de salida. Este procedimiento puede resultar tedioso para el público, pero, si se le explica que se ejecuta por su propia seguridad, de seguro terminará por ser aceptado.

CONTROL DEL PANICO

El pánico es un miedo súbito, irracional e histérico que se propaga rápidamente. El pánico es producido por el miedo, a pesar de que quienes lo padecen no sepan por qué tienen miedo. La gente trata de reunirse y correr en una sola dirección que desconoce. Es una verdadera pesadilla en que la conciencia de la personalidad se pierde y prima el espíritu dinámico y caótico de la masa. Es el fenómeno de la estampida. Nada ni nadie puede detenerla, a no ser que llegue al abismo de su autodestrucción.

Cuando se llega a este estado es muy difícil controlar a un grupo. Hacer un llamado a la razón y la calma en este momento es perder el tiempo. La aplicación de medidas de fuerza y el ejercicio de una posición de liderazgo ayudan mucho. La única forma para evitar situaciones de pánico es el haber tomado con antelación ciertas medidas para prevenirlo.

Secuencia del Pánico

Aturdimiento e inconsciencia.

Sensación de miedo, angustia y desesperación en límites próximos a la locura.

Pánico o control:

Si prevalece el pánico viene el desastre.

Si sobrevive el control se inicia la recuperación de la conciencia y procede la calma. Este fenómeno se da en la mayoría de los casos cuando hay autocontrol.

Conciencia y aceptación del hecho.

Duda, temor e incertidumbre.

Sensación de desprotección, abandono e impotencia.

Si el sujeto es temperamento pasivo proferirá manifestaciones de rencor. Si el sujeto es de temperamento activo menifestará deseos de venganza.

Perdón u olvido. Perdón: motivado por el olvido consciente, mantiene los recuerdos de   manera permanente.

Perdón: motivado por el olvido inconsciente.

El sujeto será víctima de constantes pesadillas.

Perdón aparente con el tiempo a menos que no se estimule con frecuencia la memoria latente.

Recuerdo. Retorno al paso 7 y el ciclo continúa.

7

SENSIBILIZACION HACIA LA SEGURIDAD

La seguridad es un estado, mental y psicológico, que se manifiesta en el individuo mediante la confianza, la tranquilidad y la paz.

El estado contrario es la inseguridad, que se manifiesta en el individuo por la desconfianza, la preocupación, miedo, pánico. La seguridad siempre debe estar en nuestra mente y formar parte de nuestra vida y de nuestras costumbres.

SEGURIDAD Y CONTROL DE VISITANTES

- No dejarse sorprender
- Estar alerta, estar atentos
- Estar preparado para evitar que algo malo suceda
- Estar entrenados para lo que pueda suceder
- Reaccionar a tiempo, tener la respuesta eficaz
- Estar en situación física y mentalmente en el puesto de trabajo.
- Mensaje de un pensador
- Vinieron por los campesinos
- Luego vinieron por los campesinos
- Luego vinieron por mi vecino
- Luego vinieron por mí, pero ya es demasiado tarde análisis-enseñanzas
- Características – Virtudes -- Cualidades especiales de la profesión.
- Actitud mental positiva
- Más son los deseos, la fuerza interior que lo lleva a actuar a fijarse retos y alcanzar metas y objetivos en la vida.
- Ser optimista en lugar de ser derrotista
- Actuar en lugar de aplazar

- Perseveraren lugar de renunciar
- Reaccionar con fe y esperanza en lugar de darse por vencido.
- Memoria
- Recordar datos de interés; nombres direcciones, teléfonos, detalles.
- Capacidad de comprensión
- Sentido común
- Juicio Lógico
- Toma de decisiones

Iniciativa
- Hacer mejor el trabajo como se le ordena
- Innovar
- Sugerir
- No esperar recordatorios
- Creatividad
- Estabilidad emocional
- No perder el control
- Cortesía
- Amabilidad
- Buenas maneras
- Buen comportamiento
- Respeto hacia los demás
- Evitar Ostentación
- Descuido no mantenerse alerta
- Imprevisión no prever las cosas
- La sorpresa no estar alerta para dar una respuesta rápida.
- La confianza Ojo con las llamadas de auxilio
- La provocación caer en la trampa
- La indisciplina salirse de las normas y reglamentos
- La negligencia no hacer lo que tienen que hacer
- La curiosidad mata
- La ingenuidad suministrar información a extraños

- La rutina facilitar el accionar de los posibles agresores.
- Ponga en práctica
- Sea consciente del papel que desempeña.
- Utilice su mente y sus experiencias
- Su honestidad y veracidad no encubre nada
- Mantenga siempre una actitud preventiva
- El plan de seguridad y las normas allí contenidas.

ESTUDIO DE SEGURIDAD FISICO

	:
LUGAR Y FECHA	
EMPRESA	:
DIRECCION	:
TELEFONO	:
GERENTE	:
JEFE DE SEGURIDAD	:
FUNCIONARIOS PARTICIPANTES	:
ASESOR EN SEGURIDAD	:

1.- FUNCION DE LA EMPRESA :

____

____

2.- ORGANIZACIÓN DE LA EMPRESA

EJECUTIVOS		OPERATIVOS	
EMP. ADMINISTRATIVOS		PLANTA	
OBREROS		EXTERNOS	
CONTRATISTAS		TEMPORALES	

3.- HORARIOS DE TRABAJO

HORARIO DIAS	TURNO No 1			TURNO No 2			TURNO No 3		
	DESDE	HASTA	No EMPL	DESDE	HASTA	No EMPL	DESDE	HASTA	No EMPL
LUNES									
MARTES									
MIERC.									
JUEVES									
VIERNES									
SABADO									
DOM/GO									
FESTIVO									

4.- UBICACIÓN AUTORIDADES Y SERVICIOS DE EMERGENCIA

AUTORIDADES	DIRECCION	TELEFONO
POLICIA		
SIJIN		
DAS		
UNASES / GAULA		
BOMBEROS		
TRANSITO		
ELECTRIFICADORA		
EMPRESA DE GAS		
ACUEDUCTO		
CRUZ ROJA /DEF. CIVIL		
AMBULANCIAS		
CENTROS ASISTENCIALES		
OTROS		

II. TERRENO CIRCUNDANTE

1.- AREA: URBANA_______ SUB-URBANA_______ RURAL

____

____

2.- TOPOGRAFÍA : PLANA /MONTAÑOSA / BOSCOSA / SELVÁTICA / ONDULADA

____

____

3.- SISTEMA VIAL : RUTAS DE ACCESO / RUTAS RAPIDAS/ LENTAS/ AUTOPISTAS

____

____

4.- SERVICIOS PUBLICOS DISPONIBLES : LUZ-AGUA-TELÉFONO-GAS-OTROS-
UBICACIÓN:_________________________________

____

PRESTACIÓNDEL SERVICICS_______________________

____

III. CARACTERISTICAS DEL VECINDARIO

1.- STATUS ECONOMICO: Condiciones de trabajo y salarios / sectores : RESIDENCIAL – INDUSTRIAL – COMERCIAL – BANCARIO – PORTUARIO – AGRICOLA – GANADERO – PETROLERO   :

____

____

2.- STATUS SOCIAL : ALTO - MEDIO ALTO – MEDIO – MEDIO BAJO - BAJO

____

____

3.- PANORAMA SICOLOGICO : Tendencias e influencias políticas, delincuenciales, subversivas, sindicales

____

____

4.- FENOMENOS NATURALES : Riesgos generados por la naturaleza Sismos, inundaciones, avalanchas, terremotos, deslizamientos de tierra, etc.

____

____

5.- EXPERIENCIAS DE OTRAS EMPRESAS / OTROS COMENTARIOS :

____

____

IV. PERIMETRO

1.- CONSTRUCCIONES DEL PERIMETRO : Edificaciones Dominantes, tipos de construcción, desocupadas, lotes, terrenos baldíos.

____

____

2.- BARRERAS PERIMETRICAS : Tipo, altura, material, distancia a la edificación principal, estado, limpieza, mantenimiento, remate final, sistemas electrónicos.

____

____

3.- PUNTOS CRITICOS DE LA BARRERA: Desechos cerca de la barrera, puntos ciegos, obstáculos, Techos, paredes, arboles cerca de la malla.

____

____

4.- CONTROLES DE ACCESO :
PORTERIA DE PERSONAL:

UBICACIÓN:____

IDENTIFICACIÓN DE

PERSONAS:____

SISTEMA DE ACCESO: (Eléctrico – Electrónico –

Mecánico)_________________________________

VISIBILIDAD INTERNA_____________________________________

VISIBILIDAD EXTERNA:__________________________________

SISTEMAS DE COMUNICACIÓN:_____________________________

AREA DE

REQUISA:____

EQUIPOS ELECTRÓNICOS DE

 REQUISA:____

SISTEMA DE CONTROL DE

PERSONAL:____

LIBROS DE CONTROL DE

PERSONAL:____

LIBROS DE CONTROL DE

DOCUMENTOS:____

ACCESO A LA

PORTERIA:____

PORTERIA DE VEHÍCULOS:

UBICACIÓN:____

IDENTIFICACIÓN DE

VEHÍCULOS:____

SISTEMA DE ACCESO: (Eléctrico – Electrónico –

Mecánico)_________________________________

VISIBILIDAD

INTERNA_____________________________________

VISIBILIDAD

EXTERNA:___________________________________

SISTEMAS DE

COMUNICACIÓN:_____________________________________

AREA DE

REQUISA:_______________________________________
EQUIPOS ELECTRÓNICOS DE
 REQUISA:_______________________________________
EQUIPOS MECÁNICOS DE
REQUISA:_______________________________________
SISTEMA DE CONTROL
VEHICULOS:_______________________________________
LIBROS DE CONTROL DE
VEHICULOS:_______________________________________

V. INSTALACIONES

A. GENERAL : Descripción General de la edificación:

1.- TIPO DE CONSTRUCCION : Parte externa de la instalación - Cemento, Ladrillo, tapia pisada, madera, No plantas (pisos), cantidad de edificaciones (principal — aledañas).

____

____

2.- CARACTERISTICAS DE LOS PUNTOS ACCESO PRINCIPALES

2.1. PUERTA ENTRADA PRINCIPAL PERSONAS :

MATERIAL: (Madera – Metálica – Vidrio, etc.)

SEGURIDAD: (Reforzada – Rejas – Pasadores- Ojo mágico, alarmas)

CERRADURAS: (Sencilla – Doble)

PIVOTES (BISAGRAS):

MECANISMO DE APERTURA Y CIERRE: (Eléctrico – Electrónico – Mecánico)

____

____

PUERTA ENTRADA DE VEHÍCULOS:

MATERIAL: (Madera – Metálica – Reja, Portón, etc.)

SEGURIDAD: (Reforzada – Cadenas – Candados- Ojo mágico, alarmas)
CERRADURAS: (Sencilla – Doble)
PIVOTES (BISAGRAS):
MECANISMO DE APERTURA Y CIERRE: (Eléctrico – Electrónico – Mecánico)

____

____

B. PARTICULAR: Si la instalación consta de varias edificaciones, se describe en igual de características del punto (1) TIPO DE CONSTRUCCIÓN cada edificación y la parte interna se toma dependencia por dependencia (Recepción – Pasillos – Oficinas, etc,)

1. DESCRIPCIÓN DE LA DEPENDENCIA:
NOMBRE
UBICACIÓN
CARACTERÍSTICAS

2. PUERTA ENTRADA
MATERIAL: (Madera – Metálica – Vidrio, etc.)
SEGURIDAD: (Reforzada – Rejas – Pasadores- Ojo mágico, alarmas)
CERRADURAS: (Sencilla – Doble)
PIVOTES (BISAGRAS):
MECANISMO DE APERTURA Y CIERRE: (Eléctrico – Electrónico – Mecánico)

3. VENTANAS : No de ventanas, altura, material, cerraduras, protección.
MARCO: (Madera – Metálica – Aluminio, etc.)
MATERIAL: (Madera – Reja – Vidrio, etc.)

ALTURA:
VISIBILIDAD AL INTERIOR Y EXTERIOR
SEGURIDAD: (Reforzada – Rejas – Pasadores, alarmas)
CERRADURAS: (Sencilla – Doble)
PIVOTES (BISAGRAS):
MECANISMO DE APERTURA Y CIERRE: (Eléctrico – Electrónico – Mecánico)

4. TECHOS :
CARACTERÍSTICA DEL TECHO: (Plancha – Teja, etc,)
CIELO RASO:
SEGURIDAD: (Rejas, varillas, refuerzos, alarmas, etc.)
ALTURA:
TRAGA LUCES
VENTILACIÓN: (Ductos – Aire Acondicionado – Claraboyas)
5. ILUMINACION INTERNA :
NATURAL: (Durante el día – Noche)
ARTIFICIAL (Cobertura, sistemas de encendido, controles, estado de las instalaciones)

____

____

____

VI. ILUMINACION PROTECTIVA

1.- BARRERA PERIMETRICA : Tipo de iluminación, aérea, terrestre, Cobertura total – parcial - adecuada, cubre toda la extensión de la barrera, sectores y puntos oscuros, alumbrado interior o exterior.

____

____

2.- SISTEMAS DE EMERGENCIA : Plantas de energía, capacidad ,encendido, mantenimiento, pruebas.

____

____

3.- AREAS ILUMINADAS : Porterías, Parqueaderos, edificaciones, control de áreas aledañas.

____

____

4.- SISTEMA DE CONTROL DE LA ILUMINACION : Ubicación, acceso, manejo, seguridad.

____

____

VII. CONTROL DE PUERTAS – CERRADURAS Y LLAVES

1.- CONTROL DE LLAVES C CODIGOS : Personas que manejan las llaves o código de barras, cambio de cerradura por cambio de personal, perdidas, investigación por perdida o robo de llaves.

____

____

2.- LLAVES MAESTRAS : Existencia, personas autorizadas, distribución.

____

____

3.- DUPLICADO DE LLAVES: Existencia, control, distribución, autorización.

____

____

4.- SERVICIO DE CAERRAJERIA : Empresa, personas, estudios de seguridad personal.

____

____

5.- INSPECCION DE LLAVES : Duplicados de las llaves son inspecciones, sirven, seguridad de las mismas, inventario, periodicidad.

____

____

6.- SISTEMAS DE ALARMAS EN LAS PUERTAS : Existencia y eficacia.

____

____

7.- REGISTRO DE APERTURA Y ACCESO : Control sobre puertas de acceso restringido.

____

____

8.- CAJAS FUERTES

No	UBICACION	RESPONSABLES

9.- COMBINACION DE CLAVES : Periodicidad cambio claves, seguridad y control de las claves

____

____

10.- CONTROL DE CANDADOS : Cantidad de candados, control de llaves, inspecciones, cambios, rotación de los mismos.

____

____

VIII. SISTEMAS DE ALARMAS

1.- EMPLEO DE SISTEMAS DE ALARMAS : Contra - sustracción, vidrios, incendios, aperturas, pánico, emergencias.

____

____

2.- TIPOS DE ALARMAS:

UBICACION	MONITOREO	TIPO	RESPONSABLE Y TELÉFONO

3.- MANEJO DE ALARMAS : Personas autorizadas para la conexión y desconexión del sistema.

____

____

4.- CIRCUITOS CERRADOS DE TELEVISION : Existencia, ubicación control, responsables.

UBICACIÓN CAMARAS	MONITOREO	RESPONSABLE

5.- MANTENIMIENTO DEL SISTEMA DE ALARMAS : Responsable y Periodicidad del mantenimiento, pruebas.

____

____

6.- FALSAS ALARMAS : Periodicidad de las falsas alarmas, motivo, reacción.

____

____

7.- PROCEDIMIENTOS Y REACCION EN LA ACTIVACION DEL SISTEMA DE ALARMAS

____

____

IX. SEGURIDAD FÍSICA

1.- GUARDAS DE SEGURIDAD

PUESTO	No G.S.	UBICACION	FUNCION PRINCIPAL

2.- SERVICIO DE RONDA / PISOS / SECTORES

CONCEPTO	PTO 1	PTO 2	PTO 3	PTO 4	PTO 5
No G.S.					
HORARIO					
DURACION					
RUTA					
CONTROLES					
REGISTRO					
PTOS. CRITICOS					

3.- DOCUMENTACION Y REGISTRO : Esta al día la documentación del Pto., libros de control, se llevan en orden y pulcritud, cumple sus objetivos, actas de elementos, registran las rondas.

____

____

4.- FUNCIONES Y CONSIGNAS : Están registradas, las conocen, las practican, existen ordenes adicionales y recomendaciones de seguridad.

____

____

5.- ENTRENAMIENTO: Capacitación del personal, entrenamiento, polígono

Guarda de Seguridad	Nivel Capacitación	Reentrenamiento	Polígono

6.- PROCEDIMIENTOS ESPECIALES : Conoce los procedimientos en caso de atentados, amenazas, hurtos, otras situaciones, existen planes

____

____

7.- PRESENTACION PERSONAL: Porte, aseo, limpieza, documentos

____

____

8.- INCIDENTES / ACCIDENTES / RIESGOS : Se tienen registros sobre incidentes, accidentes y riesgos de situaciones presentadas en el puesto, se ha tomado acción, son divulgados.

____

____

9.- RELACIÓN DE FUNCIONARIOS: Existen la relación de los nombres, cargos y teléfonos de los funcionarios de la empresa.

NOMBRE Y APELLIDOS	CARGO / DEPENDENCIA	TELEFONO

X. CONTROL DE PERSONAL

1.- SISTEMA DE CONTROL DE ENTRADA Y SALIDA: Carnet, fichos, escarapelas, libros, Procedimientos.

EMPLEADOS   :

____

____

VISITANTES:

____

____

EMPLEADOS TEMPORALES :

____

____

CONTRATISTAS/MANTENIMIENTO:

____

____

RESIDENTES:

____

____

OTROS:

____

____

XI.- CONTROL INTERIOR

1.- CONTROL DE CORRESPONDENDIA Y ENCOMIENDAS: Verificación del destinatario y remitente, mensajería, se lleva registro, se inspecciona, devoluciones.

____

____

2.- CONTROL DE BASURAS, DESPERDICIOS, CHATARAS : Controles, revistas, salida de Elementos, personal autorizado.

____

____

3.- CONTROL DE VEHÍCULOS: Empresa, empleados, residentes, visitantes, particulares. Libros de control, ficheros, autorizaciones, entradas, salidas, inspecciones.

____

____

4.- CONTROL INTERNO DEL PERSONAL: (Emplean escarapela, ficho, etc.)

____

____

5.- CONTROL DEL PARQUEADERO : Tipo de control, libros, ficheros, iluminación.

____

____

6.- CONTROL DE PRODUCTOS : Cargue y descargue de mercancías, supervisión, facturación, autorización, libros.

____

____

7.- CONTROL DE CONDUCTORES : Existen áreas de permanencia de los conductores, vagan libremente.

____

____

8.- ENTREGA DE MERCANCIAS : Horarios de entrega, fuera de horario.

____

____

9.- MERCANCIAS FUERA DE BODEGA : Que tipo de control existe, vulnerabilidades.

____

____

XII. SEGURIDAD PERSONAL

1.- PERSONAL DE EMPLEADOS : Se hace proceso de selección e investigación, quien lo adelanta.

____

____

2.- PROCEDIMIENTOS PARA ASIGNACIÓN DE ELEMENTOS : Documentos, maquinaria, llaves, credenciales.

____

____

ANALISIS Y RECOMENDACIONES

Aspectos de vulnerabilidad y fortalezas encontradas en el Estudio de Seguridad en cada uno de los puntos por evaluar, con sus correspondientes recomendaciones:
1.- INFORMACION EMPRESARIAL
2.- TERRENO CIRCUNDANTE
3.- CARACTERISTICAS DEL VECINDARIO
4.- PERÍMETRO
5.- INSTALACIONES
6.- ILUMINACION PROTECTIVA
7.- CONTROL DE PUERTAS/CERRADURAS Y LLAVES
8.- SISTEMAS DE ALARMAS
9.- SEGURIDAD FÍSICA
10.- CONTROL DE PERSONAL
11.- CONTROL INTERIOR
12.- SEGURIDAD PERSONAL

INFORMACION ADICIONAL AL RESPLADO

8

MANEJO DE ARMAS

Un manejo adecuado de las armas de fuego nos permitirá un mejor desempeño en las tareas de Seguridad, por tal razón es indispensable conocer las medidas de seguridad para evitar accidentes lamentables, los principios básicos del tiro para aplicarlos y mejorar en la puntería y la practica para desarrollar la teoría. Hoy en día es muy importante la profesionalización del cuerpo de seguridad y Vigilancia privada.

Analizar los elementos que se tienen en cuenta para el Tiro tales como medidas de Seguridad con las armas de fuego, los principios básicos del tiro y un polígono adecuado para mejorar las deficiencia en el tiro.

SEGURIDAD CON LAS ARMAS DE FUEGO

El principio más importante en la seguridad con armas de fuego es el control.

CONTROL:

- Cuando está guardada o almacenada.

- Cuando se transporta.

- Cuando se porta.

- Cuando se entrega a otra persona.

- Cuando se hace entrenamiento o se usa (en el aula, en el poligono)

PORTE O USO

- El arma debe estar disponible.

- Se debe portar en la funda y donde se pueda usar rápidamente.

- No se debe llevar en la mano.

- Es preferible no tener un arma a llevarla descargada.

- No amenace con el arma.

- No juegue con el arma.

EN LA ENTREGA

- No entregarla cargada.

- No entregarla a un desconocido.

- No entregarla a un ebrio.

- Entregar la munición por separado.

- Entregar los documentos de respaldo.

TRANSPORTE

- Que sea legal.

- Precauciones de acuerdo al área.

- El transporte se conoce. (contrainteligencia)

- Evitar la rutina.

- Emplear vehículos con caja de seguridad.

- Es viable usar escoltas.

- No olvidar las armas en los vehículos.

AL DISPARAR

- Tenga el arma bajo control.

- Observe las normas de disciplina.

- No dispare cuando no esté seguro de la dirección y objetivo del proyectil.

- No dispare contra objetos que no le permitan ver tras estos.

- Mantenga la alerta mental.

- No desenfunde el arma si no tiene intención de disparar.

- En el entrenamiento cumpla las ordenes.

ALMACENAMIENTO

- Fuera del alcance de los niños.

- Fuera del alcance de personas no responsables.

- Bajo llave.

- Armas descargadas.

- Cartuchos almacenados aparte.

- Seguridad para evitar accidentes en el baúl del automóvil.

- No en el baúl del automóvil.

- No usas escritorios.

- No usar archivadores que consulten otras personas.

MANTENIMIENTO

- Limpieza periódica.

- Lubricación adecuada (aceite especial).

- Cuando se moje o humedezca, limpiarla en forma inmediata.

- Diariamente usar un trapo con unas gotas de aceite.

- Luego de dispararla hacer mantenimiento general.

INSPECCIÓN

- Evite la humedad de las fundas.

- Las cachas- los proveedores.

- La munición, estado, tiempo.

- Movimientos anormales (en tambor- percutor- disparador- seguros)

NORMAS DE SENTIDO COMUN

- No golpee el tambor para abrirlo.

- No cierre de golpe el tambor.

- No arroje o entregue violentamente el arma.

- No sea u armero, deje el trabajo al experto.

- No golpee con el arma (zapatos, puntillas, tornillos)

Se debe tener en cuenta:

- Identificar las diferentes medidas de Seguridad con las armas de fuego.

- Identificar los diferentes principios básicos del tiro y aplicarlos.

- Realizar el polígono con un mínimo del 60 % en el tiempo estipulado.

1. MEDIDAS DE SEGURIDAD CON LAS ARMAS DE FUEGO.

a. Regla Básica

Como parte del entrenamiento con las armas de fuego se aprenderán varias reglas, técnicas y procedimientos que ayudaran a los hombres de seguridad por medio de la pract6ica y los convertirá en expertos en el manejo de las mismas.

Sin embargo la única medida que jamas debe olvidarce es la de la **SEGURIDAD.**

Recuerde la responsabilidad del manejo de las armas de fuego es individual del hombre de Seguridad.

b. normas generales

- Siempre debe asumir que su arma estará cargada y como tal debe tratarla.

- Al recibir y entregar el arma se debe inmediatamente examinar si esta cargada.

- Al entregar el revolver siempre se debe entregar por el cañón y con el tambor abierto.

- Jamas apuntar a objetivos a los cuales no se piensa disparar.

- Si alguna persona apunta hacia usted, se debe salir inmediatamente de la línea de fuego.

- Se debe colocar el dedo en el disparador cuando este absolutamente seguro que va a realizar un disparo.

- No se debe disparar a objetos que puedan rebotar la ojiva.

- No dispara a blancos a los cuales desconoce su parte trasera.

- No permita que su arma este al alcance de los niños o que las manipulen.

- No mezclar armas de fuego con alcohol o Drogas estimulantes.

- Verifique las municiones si están húmedas o dañadas para no utilizarlas.

2. MEDIDAS DE SEGURIDAD EN EL POLIGONO

- Obedezca siempre las ordenes e instrucciones del instructor en el polígono.

- Antes de disparar observe el interior del cañón para cerciorase de no tener obstrucción en el cañón pero con el tambor abierto.

- Jamas traslade su arma cargada desde la líneas de fuego a otra parte del polígono.

- Jamas desenfunde su arma hasta estar frente al blanco.

- Jamas monte su arma hasta estar listo frente al blanco y listo para disparar.

- Al cargar o descargar su arma debe estar apuntando hacia la línea de blancos.

- Jamas apunte su arma hacia arriba o hacia atrás, esto hace que el polígono sea una área insegura par Ud. Y los demás.

- Nunca baje su arma hasta el punto de tener una área de su cuerpo en la dirección del cañón, curdo requiera descansar entre tiro y tiro mantener la boca de fuego hacia el piso del frente o sino en una mesa.

- Por ningún motivo se debe conversar o distraerse en la línea de tiro.

- Jamas debe darle la espalda al blanco con el arma en la mano siempre debe hacerse con el arma enfundada.

- En caso de fallas que Ud. No pueda solucionar debe levantare las manos e indicarle al instructor que se presento una falla.

3. MEDIDAS DE SEGURIDAD FUERA DEL ÁREA DE POLIGONO

- Ningún hombre de seguridad debe portar las armas de fuego sin previa instrucción y capacitación con las mismas.

- Las armas de fuego portadas por el personal de seguridad solo se debe realizar defensivamente y no ofensivamente, se utilizaran de acuerdo al criterio y responsabilidad de cada quien bajo los parámetros del entrenamiento y políticas de la empresa.

- Durante las horas de servicio las armas deben estar cargadas y enfundadas, nuca se deben esgrimir sin necesidad o por juego.

- Debe tenerce el salvoconducto siempre a la mano para cuando las autoridades lo requieran.

- Siempre trate las armas como si estuvieran cargadas, cumpla con el decálogo de seguridad.

- Si realiza polígono seco debe estar acompañado de otra persona para que lo supervisara y la munición debe encontrarce en un sitio diferente.

4. PRINCIPIOS BASICOS DEL TIRO

A. PREPARACION SICOLOGICA.

En este punto es la forma como la persona se prepara para realizar el polígono, es el repaso de las medidas de seguridad con las armas de fuego, es conocer los principios básicos de tiro y aplicarlos en forma progresiva y es el conocimiento de los ejercicios para mejorar sus debilidades y perfeccionar sus fortalezas.

B. POSICION.

Coloque sus hombros frente al blanco, lo pies también y deben ir separados lo suficiente para dar una posición descansada y cómoda que no excedan la altura de los hombros, cualquier tensión debe aliviarce, sino se realiza no habrá un buen tiro.

C. EMPUÑADURA

La empuñadura es vital para el tiro es con la cual se da la firmeza al arma para apuntar por lo tanto se debe realizar colocando la mano derecha abierta, la empuñadura casa en toda la palma y con los tres dedos tomar la empuñadura y el dedo pulgar pasarlo al otro lado de la empuñadura, con la mano izquierda se debe sujetar los dedos de la mano derecha y el dedo pulgar colocarlo arriba del pulgar de la mano derecha.

D. MIRAS

Las miras es fundamental para el tiro una correcta alineación se debe hacer de la siguiente manera: el punto de mira debe estar centrado en el blanco preferiblemente debajo de la diana formando una colombina, el alza trasera debe estar de tal manera que el punto de mira delantero centre en dirección y altura. En el momento del disparo el blanco debe quedar borroso.

RESPIRACION

La respiración debe estar pausada para el tiro de precisión en el momento de hacer el disparo contener la por un momento y realizar el dispar, si se esta muy alterado espere para realizar el tiro pero si esta agitado por la carrera y debe disparar tome como referencia el punto medio del blanco.

E. PRESION DEL DEDO SOBRE EL DISPARADOR.

El dedo en los revólveres debe estar toda la falange metida para realizar una mejor presión por la dureza de esta arma en la pistola solo la punta de la falange por que sino el arma cabecea y se comete error en el tiro. Recuerde el dedo siempre debe ir LENTA PROGRESIVA Y HACIA ATRAZ.

TIRO: (PARA TODOS LOS REENTRENAMIENTOS)

TEORIA:

a)   Medida de Seguridad con las armas de fuego.

b)   Medidas de Seguridad en el polígono.

c)   Medidas de Seguridad en la operación.

NIVEL I

PRACTICA DE POLÍGONO:

Pistola o Revolver – 30 cartuchos

EJERCICIO No. 1

Tiro de Precisión.

Se disparan 06 cartuchos a un blanco de anillos.

Distancia   :   7 Metros.

Tiempo   :   Libre.

Objetivos   :   Aplicar los principios básicos del tiro.

Marcación   :   Por anillos.

EJERCICIO No. 2

Tiro de Reacción. (Desenfunda).

De frente al blanco se desenfunda el arma y se realizan 2 disparos en 3 series. 06 cartuchos.

Distancia   :   7 Metros.

Tiempo   :   3 Segundos como máximo por serie.

Objetivos   :   Al desenfundar se deberá entrar en miras en el menor tiempo.

Marcación   :   Por impactos.

EJERCICIO No. 3

Tiro de Reacción:		(Medía vuelta).

Se inicia de espaldas al blanco y se da media vuelta a orden del instructor y previa marcación de los blancos (numerados).

Se disparan 2 ó 3 blancos y al dar la media vuelta se encuentran y disparan 2 cartuchos. (06 cartuchos).

Distancia		:		10 Metros.

Tiempo		:		10 Segundos máximo.

Objetivo		:		Que el tirador encuentre rápidamente el blanco y los xxx en un 100%.

Marcación		:		Por impactos.

EJERCICIO No. 4 (12 CARTUCHOS).

Tiro de Reacción:			(Recargue).

Se inicia a una distancia de 10 metros.

Se dispara a 3 blancos 2 cartuchos cada uno. Se pasa a los 5 metros y de posición de rodillas se recarga el arma y se dispara a 2 blancos; 2 al cuerpo y uno a la cabeza.

Distancia		:		10 Metros y 5 metros.

Tiempo		:		25 Segundos como máximo, revolver.

				20 Segundos como máximo, pistola.

Objetivo		:		Utilizar la **técnica de Recargue de Arma** para mantener el poder de fuego.

NIVEL II

PRACTICA DE Polígono

EJERCICO No. 1

Tiro de Precisión:

Se disparan 06 cartuchos a un blanco de anillos.

Distancia	:	10 Metros.
Tiempo	:	Libre.
Objetivos	:	Aplicar los principios básicos del tiro.
Marcación	:	Por anillos.

EJERCICIO No. 2

Tiro de Reacción: (Rehén o Peatón).

A una distancia de 15 metros se colocan 3 blancos uno en posición diferente a los 5 metros de los blancos, un blanco (rehén o peatón). Se disparan 2 cartuchos por silueta en un tiempo menos de 09 segundos. 06 cartuchos.

Distancia	:	15 Metros.
Tiempo	:	09 Segundos como máximo.
Objetivo	:	Que el escolta al estar en la calle, pueda disparar a los terroristas sin ocasionar daño a los transeúntes.
Marcación	:	Por impactos.

EJERCICIO No. 2

Tiro de Reacción: (Frenado).

Los tiradores salen a 20 ó 30 metros de los blancos, en carrera al llegar a la línea de los 15 metros parar (de acuerdo a la técnica) y tomar posición y desenfundar disparando 2 cartuchos a 3 blancos.

Distancia : (20) 30 Metros - 15 metros.

Tiempo : 15 Segundos como máximo.

Objetivo : Que el tirador se acostumbre a utilizar la **Técnica de Frenado,** para obtener la mejor posición y disparar.

Marcación : Por impactos.

EJERCICIO No. 4

Tiro de Reacción: (Cambio Proveedor o Recargue).

(12 cartuchos).

Distancia : 15 Metros y 10 Metros.

Tiempo : 20 Segundos como máximo. Revolver

15 Segundos como máximo. Pistola.

Objetivo : Que el tirador cambie proveedor o recargue munición en el revolver en un tiempo menor para obtener poder de fuego a una distancia de 15 metros. Encontrar 3 blancos en diferentes posiciones y disparar 2 cartuchos a la silueta xxx a la posición de los 10 metros y disparar 2 cartuchos con silueta reducida por obstáculo.

9
CLASES DE RELACIONES

Introducción.- El conocimiento de que el hombre no existe exclusivamente "para sí mismo" sino que vive en comunidad con los demás, datos de por menos 2000 años atrás. Ya Aristóteles definió al hombre como un "ser viviente" que convive con otros.

La vida diaria de un ciudadano corriente demuestra este hecho: empieza la jornada desayunando en comunidad con la familia. Es este el primer círculo social al que pertenece. Allí se aprenden valores y se forman opiniones en el contacto con os padres y hermanos. Es el punto de partida de la evolución personal. El adulto termina su desayuno y se dirige al trabajo en donde entra de nuevo en relación con otras personas experimentando sentimientos de agradecimiento, compañerismo, enemistas, competencia. , en lo que haga en sociedad va repercutir en otros y viceversa.

Por la noche, el ciudadano medio suele reunirse con su amigo, ir a un partido de fútbol, asistir a una conferencia, etc. Todo lo anterior demuestra que el hombre es un ser social por naturaleza. De allí surge el concepto de relaciones humanas como las acciones y actitudes desarrolladas por los contactos entre personas y grupos.

Cada individuo es una personalidad altamente diferenciada que influye en el comportamiento y actitudes de aquellos con quien se mantiene en contacto y que igualmente es bastante influido por otros.

Es principalmente dentro de la empresa donde surgen las oportunidades de relaciones humanas, en razón del gran número de grupos y de las interacciones necesariamente resultantes.

PROCESOS DE INTERACCION

En la sociedad los seres humanos se hallan en mutua interdependencia y relación; entendida esta última como el lazo o vínculo que existe entre las personas y los grupos. El contacto recíproco. La comunicación y la interacción son tan esenciales para el individuo como para el grupo, de tal manera que sin ellas la persona difícilmente viviría y el grupo, de tal manera que sin ellas las personas difícilmente vivirían y el grupo dejaría de funcionar.

Las relaciones no se limitan solamente a los vínculos familiares o a las de parentesco, sino que influyen también las relaciones dentro de las empresas, escuelas, iglesias, partidos políticos, equipos deportivos, etc.

Ahora bien las relaciones funcionan de varias formas. Es decir influyen varias maneras de comportarse. Algunas de estas son positivas y otras negativas.

 ACTITUD: Es una manifestación externa de la disposición o estado de ánimo.

Las positivas: Son aquellas que demuestran justicia, armonía y amistad.

Las negativas: Son aquellas que demuestran injusticia, enemistad y discordia.

Formas positivas de interacción

Cooperación: Es una forma de relación social en la que más de 20 personas actúan conjuntamente para lograr los objetivos propuestos. Es decir, cada integrante del grupo desempeña sus funciones de la mejor forma posible para que la imagen y prestigio del grupo, o compañía se vean beneficiados.

Ejemplo: En cada turno que efectúo, procuro prestar el servicio de vigilancia y seguridad de la mejor manera posible, para dejar en alto mi imagen y la imagen de la compañía.

Llego puntual a recibirle el puesto al compañero consciente de que él también necesita descansar.

La cooperación necesita

Lealtad al grupo

Responsabilidad en el cumplimiento de las funciones

Comunicación permanente entre los miembros

Ventajas de la cooperación

Facilita el logro de los objetivos

Permite que haya armonía en el grupo

Incrementa la motivación para trabajar

El trabajo resulta menos agotador y rutinario, al trabajar con sentido

Acomodación: Es un proceso de adaptación que permite a las personas continuar sus actividades aun sin estar en completo acuerdo de opiniones.

Ejemplo: Algunos de los compañeros que tengo en el puesto no son de mi total agrado por su forma de ser. Sin embargo. Me acomodo a la situación para impedir o reducir los conflictos.

La acomodación es un medio de vivir en paz. De coexistir, que promueve en ocasiones la cooperación, entre los miembros. En otras palabras, modifico mis pautas de comportamiento con el fin de acomodarme a las de mis compañeros.

Ventajas de la acomodación:
Favorece la Cooperación
Eleva la calidad de vida laboral
Disminuye los conflictos

Asimilación: Es un proceso por el que dos o más personas o grupos aceptan y realizan las pautas de comportamiento del círculo social al que ingresan.

Aún cuando esta planteado de esta forma se debe pensar que es un fenómeno unilateral. Al contrario, es una relación de interacción en la que ambas partes actúan recíprocamente; la persona que llega a la cultura y el grupo o persona que la recibe y la acepta.

Ejemplo: La persona que ingresa a una empresa de seguridad con el propósito de prestar un servicio, debe empezar por asimilar la cultura de la compañía, lo cual incluye aprender la política interna, las consignas generales y específicas, el funcionamiento, etc.

A su vez los empleados antiguos están en él deber de aceptar al nuevo vigilante y en lo posible colaborarle para que este proceso se lleve a cabo de la mejor manera posible, logrando que la persona logre rápidamente se sienta identificada y se contagie de la cultura de su empresa. En otras palabras, es darle una cordial bienvenida y motivarle hacia su trabajo en la compañía. Esto se aplica no solo a la persona que ingresa a una empresa de seguridad; incluye a demás al vigilante que llega por primera vez a un puesto.

La asimilación necesita:

Actitud abierta y sanan de las partes
Aceptación voluntaria de participar en el proceso
Madurez y rectitud de ambas partes
Lealtad hacia las políticas de la Compañía

Ventajas de la asimilación

Facilita la adaptación hacia el cargo y hacia la compañía
Promueve los sentimientos de integración y cooperación

Evita el estrés y los conflictos (Calidad de Vida)

Si estos procesos se logran, con el correr del tiempo, la cultura de la Compañía se hace cada vez más sólida y los empleados con su excelente servicio marcan una pauta de diferencia con relación a las empresas donde no se han llevado a cabo.

Formas negativas de interacción

Conflicto: Es la forma de interacción por la que dos o más personas tratan de excluirse mutuamente, bien sea aniquilado una parte a la tras o bien reduciéndola a la reacción.

El conflicto se considera como medio para un fin. Es una relación humana recíproca en la que participan dos partes y en cuyos inicios se dan diversas formas de conducta inconformista. Estas se manifiestan con palabras, ademanes o acciones como injurias, aversiones, rivalidad, desprecio, ataques personales y físicos. El conflicto frecuentemente brota de la competencia y la oposición.

Ejemplo: Un grupo de personas que con sus actitudes e ideas buscan poner a los demás compañeros en contra de la compañía; en el fondo buscan protagonismo, suplir intereses individuales y desestabilizar el sistema laboral.

Obstrucción: Es un proceso social en el que cada una de las personas o grupos contrarios tratan de impedir que la otra logre sus objetivos, sea que ella misma desee obtenerlo o no.

A veces se la considera como una forma cortés y elegante del conflicto, dado que implica hostilidad y antagonismo, pero sin atacar directamente y de frente al contrario.

Ejemplo: Esta se presenta bajo muchas formas y se manifiesta en las tácticas consistentes en postergar, denunciar, obstaculizar y frustrar a los otros, en hacer campañas de falsos rumores y difamaciones.

RELACIONES INTERPERSONALES DEL ESCOLTA

La función del ESCOLTA es tratar con gente durante todo el turno de trabajo. Por una portería ingresa todo tipo de personal y es al vigilante a quien corresponde atenderlos, guiarlos o resolver sus inquietudes.

Todo vigilante debe poseer la formación en relaciones humanas pues son la base de su buen desempeño. Partimos de que todos tenemos ciertas aptitudes y cualidades que nos permiten trabajar con público.

Saber hasta donde van nuestras capacidades y cuáles son nuestras debilidades es el mejor consejo para quien se vaya a enfrentar con un cargo de esta naturaleza.

RELACIONES CON LOS EMPLEADOS

La regla de oro para el trato con el usuario es saber establecer límites. Ni tanta relación que conduzca a la intimidad, o complicidad, ni tan lejano que lleve al desconocimiento o a enfrentamientos o roces perjudiciales.

RELACIONES CON EL USUARIO

Las relaciones con el usuario son fundamentales cuando se trabaja en Escolta. Al usuario hay que entenderlo, comprenderlo, apoyarlo, atender sus observaciones y siempre darle la razón. Además hay que ganarse su confianza sin ser abusador.

RELACIONES CON LAS AUTORIDADES

El Escolta es y no es autoridad. De puertas para adentro su labor se apoya en las normas de orden y control dictados por la empresa y su deber es hacerlas cumplir; pero de puertas para afuera es un ciudadano común y corriente.

El Escolta es por lo general un testigo de primer orden y en este sentido debe colaborar ampliamente con las autoridades.

Cuando el puesto está en plena calle deberá buscar el apoyo y el entendimiento con las autoridades policiacas. Además debe acceder a

cualquier solicitud que la autoridad le haga, informando a su jefe inmediato. Esto ayuda mucho en las relaciones vigilancia privada – autoridad.

RELACIONES CON EL SUPERVISOR

El supervisor, además de ser el superior inmediato, debe ser mirado como el orientador, la persona que en determinado momento nos puede escuchar y ayudar a solucionar los problemas no solo de tipo laboral, también personal o familiar.

RELACIONES LABORALES

Las relaciones entre la compañía emplearán y el Escolta deben caracterizarse por la claridad en las normas, deberes y derechos y en la mutua confianza basada en el respeto y el cumplimiento de lo pactado. Si esto no se da, es posible que en poco tiempo se presenten roces y enfrentamientos que perjudicarán a los vigilantes y más a la compañía.

LA COMUNICACIÓN

EMISOR   MEDIO   RECEPTOR

CONFIRMACION DE LA INFORMACION

REQUISITOS PARA UNA BUENA INFORMACION

ATENDER ACTIVAMENTE

PRESENTACION CLARA Y OPORTUNA DEL MENSAJE

ASUMIR ACTITUD POSITIVA

SER CONCISOS EN EL MENSAJE

SER VERAZ EN LA INFORMACION

ASUMIR ACTITUD DE DIALOGO

SUPERHOMBRE

RELACIONES DEL HOMBRE

HOMBRE

MUNDO FISICO

NECESIDADES DEL HOMBRE

REALIZACION PERSONAL

AUTOESTIMA

IDENTIDAD

RELACIONES SOCIALES

PROTECCION DEL AMBIENTE

FISIOLOGICAS

"EN NINGUN MOMENTO, NI EN NINGUNA CIRCUNSTANCIA ES MAS SANO, ODIARSE A SI MISMO, QUE AMARSE A SI MISMO"

Este mensaje tiene relación directa, con el autoconcepto y la autoestima.

El autoconcepto acompañándolo un sentimiento denominado "AUTOESTIMA". Estos sentimientos positivos se generan en el ambiente de trabajo, donde se tienen en cuenta las diferentes individualidades, se toleran los errores después de reconocerlos, y donde la COMUNICACIÓN, sea abierta como número uno de las relaciones humanas.

COMPORTAMIENTO SOCIAL

1. RELACIONES EN EL TRABAJO

OBJETIVO:

Resaltar a los Estudiantes la importancia de las buenas relaciones humanas, para desempeñar adecuadamente su labor como Escoltas.

- Mediante la reflexión (solo por hoy) se habla de la importancia que tiene la **actitud** y la **aptitud** para desempeñar cualquier tipo de labor.

Aptitud: Conocimientos y condiciones físicas e intelectuales para desempeñar una labor.

Actitud: Expresión de los sentimientos y pensamientos frente a la labor.

Es importante resaltar que en las relaciones humanas dentro de del trabajo de vigilante es muy importante la actitud.

Relaciones humanas: es la interacción de ideas, pensamientos, afectos, valores, normas entre 2 o más personas.

COMUNICACIÓN

CLASES
RELACION ENTRE JEFES

RELACION SUBALTERNOS

Resaltar la importancia del buen trato en las relaciones humanas para que su labor como Escolta sea más amena. Mediante la reflexión (ahora que estoy vivo) sensibilizar a los estudiante acerca de la importancia de expresar el afecto a sus personas queridas.

Las relaciones de los vigilantes con la familia, los compañeros y los clientes.

TRATO: es el contacto con las demás personas durante la actividad laboral el contacto con otras personas.

En un sitio de trabajo no solo es importante conocer las condiciones físicas de trabajo y las funciones si no que también las personas con las que vamos a tratar.

La aceptación y el sentirse bien dentro del lugar de trabajo va a depender de mi comportamiento que reflejara el buen trato o el mal trato hacia los demás.

La educación y el buen trato o mal trato no esta relacionado con la raza, con la capacidad económica, nivel de estudios, religión. Etc.

RELACIONES HUMANAS DEL ESCOLTA

La función del Escolta es tratar con gente durante todo el turno de trabajo. Por su labor externa tiene trato con todo tipo de personal y es al Escolta a quien corresponde atenderlos y manejarlas.

Todo Escolta debe poseer la formación en relaciones humanas pues son la base de su buen desempeño. Partimos de que todos tenemos ciertas aptitudes y cualidades que nos permiten trabajar con público.

Saber hasta donde van nuestras capacidades y cuáles son nuestras debilidades es el mejor consejo para quien se vaya a enfrentar con un cargo de esta naturaleza.

1.- SERE FIEL A MIS JEFES, SUPERIORES Y COMPAÑEROS.

2.- DESEMPEÑARE MI TRABAJO RESPETANDO LA LEY Y LOS MAS ALTOS PRINCIPIOS DE LA MORAL.

3.- OBSERVARE EN TODOS MIS ACTOS LOS PRECEPTOS DE LA VERDAD Y LA SINCERIDAD.

4.- ACATARE LAS ORDENES, PERO TENDRE LA FIRMEZA DE CARACTER PARA RESALTAR LOS ERRORES Y RECOMENDAR SU CORRECCION PARA EL BIEN DE LA ORGANIZACION.

5.- ME MANTENDRE EN BUEN ESTADO FISICO Y EMOCIONAL PARA DESEMPEÑARME CON TODA SEGURIDAD.

6.- MANTENDRE EN LA MAS COMPLETA RESERVA TODA INFORMACION CONFIDENCIAL QUE LLEGUE A MI CONOCIMIENTO.

RELACIONES CON SUBALTERNOS

La regla de oro para el trato con los subalternos es saber establecer límites. Ni tanta relación que conduzca a la intimidad, o complicidad, ni tan lejano que lleve al desconocimiento o a enfrentamientos o roces perjudiciales.

LENGUAJE Y CONVERSACION

 A MORALIDAD COMO FENOMENO SOCIAL

Referente a este tema de la moral como un fenómeno social queremos presentar tres ideas principales que son:

El lenguaje moral

La utilización social de la moral

Lo universal del hecho moral, enfatizando su principal concepción.

LENGUAJE MORAL

La terminología moral es muy alta, entre muchos de sus términos tenemos. Moral e inmoral. Licito e ilícito, permitido y prohibido, honesto y deshonesto, ético y no ético, justo e injusto. Se le denominan virtudes y a las negativas vicios.

Estas dos citas nos enmarcan en la concepción de la moral que nos indican como hay una clasificación de valores a los actos humanos que originan una terminología sobre temas referentes a la moral. Definen a la moral como a la vida misma referenciándola como búsqueda y soporte de la realización humana a todo nivel.

LA UTILIDAD SOCIAL DE LA MORAL

La sociedad se vale de diferentes instituciones para mantener y reproducir sus patrones morales como: la familia, la escuela, el gobierno, la religión, los masivos de comunicación.

La vida en sociedad necesita de normas que aseguren la paz y el orden entre los individuo que la forman para que los intereses particulares no atenten contra los intereses comunes.

Durante toda la existencia humana en cualquier sistema social que aglutine y organice al hombre en sociedad, se hace necesaria la implantación de un orden moral con unos patrones de comportamiento que den garantía y eleven a la vida humana a un estado de perfección. Estos principios entre muchos obedecen a nobles ideales o a derechos tales como respeto por el otro, a la educación, a la verdad, a la justicia. Todos estos principios permiten al hombre vivir en sociedad pero no se puede vivir en sociedad pero no se puede desconocer la existencia de intereses particulares como lo ha mostrado la historia por parte de las clases dominantes de turno que establecen y orientan un orden moral, que consiste en burlar las normas morales siempre que no sea posible.

RELACIONES LABORALES

Las relaciones entre la compañía emplearán y el Escolta deben caracterizarse por la claridad en las normas, deberes y derechos y en la mutua confianza basada en el respeto y el cumplimiento de lo pactado. Si esto no se da, es posible que en poco tiempo se presenten roces y enfrentamientos que perjudicarán a los vigilantes y más a la compañía.

El trabajo en común de nuestra sociedad, se estructura mediante una organización o empresa, dentro de la cual se desarrollan fenómenos de relaciones humanas que aparecen en los contactos de los trabajadores entre sí durante la actividad laborar y adquiere la forma de una conducta determinada que denominamos trato.

Cuándo una persona empieza a trabajar en una nueva empresa no se plantea solamente la cuestión de cual serán sus funciones o su sitio exacto de trabajo, sino que también el se adapta a un tipo de ambiente social hasta entonces desconocido pero él ¿Encontrará colegas con las que entablará contacto a amistoso o bien no se adaptaran? ¿Sus nuevos compañeros están dispuestos a aceptarle o lo rechazarán? ¿Encontrará ayuda y apoyo para resolver sus problemas o se sentirá aislado? , ¿Será reconocido por los demás miembros del grupo o quedará en una posición externa?¿ ¿Tendrá un superior del que pronto ganará confianza y el que podrá explicarle sus preocupaciones y problemas o lo encontraran a una distancia inaccesible?. Todas estas cuestiones determinaran la adaptación al nuevo círculo de acción. De ello dependerá también su rendimiento.

El trato que reciba de los compañeros podrá constituir una plataforma favorable para el desenvolvimiento de sus fuerzas, pero también podrá consumirle muchas energías en caso de inadaptación.

El trato abarcó un concepto amplio o universal de las relaciones humanas. Se refiere a la forma particular como establecemos contacto con otras personas. Es la actitud que manifestamos en las relaciones.

De ahí que se den las formas fundamentales en ese contracto: Comportamiento que reflejan buen trato y comportamiento que reflejan mal trato hacia el interlocutor o grupo.

El lenguaje verbal y el lenguaje no verbal. Son, los medios más comunes para expresar y a la vez observar actitudes de buen o mal trato. El lenguaje verbal se evidencia en el vocabulario empleado, en el tono de la voz, en la forma en que nos dirigimos es decir, en las palabras que utilizamos y pensamos.

El lenguaje no verbal se evidencia en los gestos o ademanes que empleamos para relacionar con los demás. Es decir los movimientos corporales que en determinado momento pueden ser señal de maltrato o por el contrario señal de amistad y camaradería. La mirada que empleamos, la cortesía o buena educación que demostramos en casa y en el trabajo, son manifestaciones del tipo de persona que somos.

El buen o mal trato es indiferente a la raza, capacidad económica, nivel de estudios. Que sitio de vivienda, todos por ser seres socializados y tener la capacidad de razonar, podemos brindar buen o mal trato.

Para autores como Heinz Dirks el trato personal es la situación elemental para conocer el individuo, en cuanto a su educación - cultura e historia de vida.

Con relación a este último punto, expone que si un niño fue maltratado en su niñez, en la edad adulta tenderá a replicar este patrón de comportamiento en la relación con otros. Es por eso que vemos padres castigadores, que golpean a sus hijos inhumanamente. Seguramente en la niñez recibió el mismo trato, lo grave de la situación es que de en la mañana los hijos lo imitarán, convirtiéndose la agresividad y mal trato en una cadena que a generación en generación.

Con el buen trato ocurre lo mismo, si tratamos bien a nuestros hijos a su vez ellos en el futuro replicarán estas conductas, con lo cual se mantendrá la armonía familiar y social.

A nivel laboral también se presenta el fenómeno de cadena. El mal trato puede comenzar por mí; esto ocurre por falta de cultura, educación, ambiente familiar agresivo en la niñez, falta de autocontrol del estrés o ira o ambiente actual conflictivo que se traslada al trabajo. Es probable que si doy mal trato recibo mal trato y rechazo de los demás. Puedo incluso perder el empleo y con ello perjudicar a quienes dependen de mí, lo cual es totalmente injusto. Sin embargo, no es algo irreversible. Aún cuando mi vid familiar no haya sido óptima o en mi personalidad no tenga los repertorios de conducta adecuados puedo hacer un esfuerzo por cambiar de actitud e incluso puedo buscar ayuda profesional.

El buen trato tiene muchas ventajas en nuestro medio. Específicamente en vigilancia y seguridad nos permite prestar un servicio de excelencia y altamente competente.

La calidad de vida en el trabajo puede mejorar notablemente, se verá la actividad laboral como la oportunidad de crecer, de desarrollarme y no como una pesada obligación. Esto permitirá alcanzar mayor estabilidad laboral además mi imagen de buen colaborador no me dejará conocer el desempleo.

El ser humano vive en sociedad. Y allí su requerimiento fundamental el de disfrutar de relaciones humanas armónicas. En efecto, todo el mundo sabe muy bien de lo satisfactorio y placentero que es el contar con buenas relaciones humanas y de la tragedia que significa el no tenerlas.

El tan inquietante y comentado "stress" (tensión) en los seres humanos es de manera predominante la consecuencia de experiencias de relaciones humanas insatisfactorias. Esto es, relaciones humanas perturbadas implican una amenaza claramente comprobada de problemas de salud tanto mental como orgánica.

Por otra parte la eficiencia y productividad en empresas e instituciones como las de vigilancia tienen como factor de primera importancia la constitución de equipos de trabajo que tengan buenas relaciones humanas. Porque en ambientes conflictivos y con discordias (antagonismos, resentimientos, desconfianza, etc.) sucede precisamente lo contrario.

De ahí la importancia de una adecuada comunicación con los compañeros de trabajo, la empresa, jefes y sociedad (clientes).

La Conducta Asertiva.

Es la conducta que permite que una persona actúe en base a sus intereses o sus necesidades, expresar cómodamente sentimientos honestos, defenderse sin ansiedad inapropiada o bien ejercer tus propios derechos sin negar los de los demás.

En la práctica SER ASERTIVO es:

Ser capaz de decir "no".

Ser capaz de pedir un favor o petición si así lo requieres.

Ser capaz de expresar tanto los sentimientos positivos como los negativos de manera adecuada.

Ser capaz de comunicarse adecuadamente.

Ser capaz de expresar tu opinión.

Ser capaz de mantener los propios derechos.

Cuando nos comunicamos asertivamente además del lenguaje verbal tenemos que hacer servir adecuadamente una serie de elementos para que el conjunto expresado resulte hábil socialmente:

Contacto de los ojos.

Inflexión y volumen de la voz.

Uso de las manos.

Expresividad del rostro.

Fluidez en el habla.

Postura.

Distancia física.

En general podemos decir que existe una falta de habilidades sociales o asertividad en la conducta humana probablemente por algunas de las siguientes causas:

La comunicación asertiva se bloquea por un exceso de ansiedad condicionada a la situación interpersonal.

El sujeto no ha sido entrenado en habilidades sociales para actuar adecuadamente.

La falta de autoestima o bien confianza en uno mismo genera poca habilidad en el trato interpersonal.

La mayoría de personas poco asertivas tienen en común un tipo de pensamiento rígido, poco flexible, que funciona en términos de blanco o negro que les impiden resolver adecuadamente los problemas que se le presentan.

Tenemos tres estilos de comportamiento frente a cualquier situación interpersonal: Asertivo o hábil socialmente, agresivo y pasivo o no asertivo.

LENGUAJE VERBAL

Las malas o buenas palabras
Dar gracias
Saludar,
ser cortes Dirigirse con respeto a las demás Personas.

LENGUAJE NO VERBAL

Mala cara o buena cara
Expresión de cansancio
Buen humor

CICLO	: ESCOLTA
CURSO	: AVANZADO ESPECIAL
MATERIA	: RELACIONES INTERPERSONALES

CLASES DE RELACIONES

Introducción.- El conocimiento de que el hombre no existe exclusivamente "para sí mismo" sino que vive en comunidad con los demás, datos de por menos 2000 años atrás. Ya Aristóteles definió al hombre como un "ser viviente" que convive con otros.

La vida diaria de un ciudadano corriente demuestra este hecho: empieza la jornada desayunando en comunidad con la familia. Es este el primer círculo social al que pertenece. Allí se aprenden valores y se forman opiniones en el contacto con os padres y hermanos. Es el punto de partida de la evolución personal. El adulto termina su desayuno y se dirige al trabajo en donde entra de nuevo en relación con otras personas experimentando sentimientos de agradecimiento, compañerismo, enemistas, competencia. , en lo que haga en sociedad va repercutir en otros y viceversa.

Por la noche, el ciudadano medio suele reunirse con su amigo, ir a un partido de fútbol, asistir a una conferencia, etc. Todo lo anterior demuestra que el hombre es un ser social por naturaleza. De allí surge el concepto de relaciones humanas como las acciones y actitudes desarrolladas por los contactos entre personas y grupos.

Cada individuo es una personalidad altamente diferenciada que influye en el comportamiento y actitudes de aquellos con quien se mantiene en contacto y que igualmente es bastante influido por otros.

Es principalmente dentro de la empresa donde surgen las oportunidades de relaciones humanas, en razón del gran número de grupos y de las interacciones necesariamente resultantes.

PROCESOS DE INTERACCION

En la sociedad los seres humanos se hallan en mutua interdependencia y relación; entendida esta última como el lazo o vínculo que existe entre las personas y los grupos. El contacto recíproco. La comunicación y la interacción son tan esenciales para el individuo como para el grupo, de tal manera que sin ellas la persona difícilmente viviría y el grupo, de tal manera que sin ellas las personas difícilmente vivirían y el grupo dejaría de funcionar.

Las relaciones no se limitan solamente a los vínculos familiares o a las de parentesco, sino que influyen también las relaciones dentro de las empresas, escuelas, iglesias, partidos políticos, equipos deportivos, etc.

Ahora bien las relaciones funcionan de varias formas. Es decir influyen varias maneras de comportarse. Algunas de estas son positivas y otras negativas

ACTITUD: Es una manifestación externa de la disposición o estado de ánimo.

Las positivas: Son aquellas que demuestran justicia, armonía y amistad.

Las negativas: Son aquellas que demuestran injusticia, enemistad y discordia.

Formas positivas de interacción

Cooperación: Es una forma de relación social en la que más de 20 personas actúan conjuntamente para lograr los objetivos propuestos. Es decir, cada integrante del grupo desempeña sus funciones de la mejor forma posible para que la imagen y prestigio del grupo, o compañía se vean beneficiados.

Ejemplo: En cada turno que efectúo, procuro prestar el servicio de vigilancia y seguridad de la mejor manera posible, para dejar en alto mi imagen y la imagen de la compañía.

Llego puntual a recibirle el puesto al compañero consciente de que él también necesita descansar.

La cooperación necesita

- Lealtad al grupo
- Responsabilidad en el cumplimiento de las funciones
- Comunicación permanente entre los miembros

Ventajas de la cooperación

- Facilita el logro de los objetivos

- Permite que haya armonía en el grupo
- Incrementa la motivación para trabajar
- El trabajo resulta menos agotador y rutinario, al trabajar con sentido

Acomodación: Es un proceso de adaptación que permite a las personas continuar sus actividades aun sin estar en completo acuerdo de opiniones.

Ejemplo: Algunos de los compañeros que tengo en el puesto no son de mi total agrado por su forma de ser. Sin embargo. Me acomodo a la situación para impedir o reducir los conflictos.

La acomodación es un medio de vivir en paz. De coexistir, que promueve en ocasiones la cooperación, entre los miembros. En otras palabras, modifico mis pautas de comportamiento con el fin de acomodarme a las de mis compañeros.

Ventajas de la acomodación:

- Favorece la Cooperación
- Eleva la calidad de vida laboral
- Disminuye los conflictos

Asimilación: Es un proceso por el que dos o más personas o grupos aceptan y realizan las pautas de comportamiento del círculo social al que ingresan.

Aún cuando esta planteado de esta forma se debe pensar que es un fenómeno unilateral. Al contrario, es una relación de interacción en la que ambas partes actúan recíprocamente; la persona que llega a la cultura y el grupo o persona que la recibe y la acepta.

Ejemplo:La persona que ingresa a una empresa de seguridad con el propósito de prestar un servicio, debe empezar por asimilar la cultura de la compañía, lo cual incluye aprender la política interna, las consignas generales y específicas, el funcionamiento, etc.

A su vez los empleados antiguos están en él deber de aceptar al nuevo vigilante y en lo posible colaborarle para que este proceso se lleve a cabo de la mejor manera posible, logrando que la persona logre rápidamente se sienta identificada y se contagie de la cultura de su empresa. En otras palabras, es darle una cordial bienvenida y motivarle hacia su trabajo en la compañía. Esto se aplica no solo a la persona que ingresa a una empresa de seguridad; incluye a demás al vigilante que llega por primera vez a un puesto.

La asimilación necesita:

- Actitud abierta y sanan de las partes
- Aceptación voluntaria de participar en el proceso
- Madurez y rectitud de ambas partes
- Lealtad hacia las políticas de la Compañía

Ventajas de la asimilación

- Facilita la adaptación hacia el cargo y hacia la compañía
- Promueve los sentimientos de integración y cooperación
- Evita el estrés y los conflictos (Calidad de Vida)

Si estos procesos se logran, con el correr del tiempo, la cultura de la Compañía se hace cada vez más sólida y los empleados con su excelente servicio marcan una pauta de diferencia con relación a las empresas donde no se han llevado a cabo.

Formas negativas de interacción

Conflicto: Es la forma de interacción por la que dos o más personas tratan de excluirse mutuamente, bien sea aniquilado una parte a la tras o bien reduciéndola a la reacción.

El conflicto se considera como medio para un fin. Es una relación humana recíproca en la que participan dos partes y en cuyos inicios se dan diversas formas de conducta inconformista. Estas se manifiestan con palabras, ademanes o aciones como injurias, aversiones, rivalidad, desprecio, ataques personales y físicos. El conflicto frecuentemente brota de la competencia y la oposición.

Ejemplo: Un grupo de personas que con sus actitudes e ideas buscan poner a los demás compañeros en contra de la compañía; en el fondo buscan protagonismo, suplir intereses individuales y desestabilizar el sistema laboral.

Obstrucción: Es un proceso social en el que cada una de las personas o grupos contrarios tratan de impedir que la otra logre sus objetivos, sea que ella misma desee obtenerlo o no.

A veces se la considera como una forma cortés y elegante del conflicto, dado que implica hostilidad y antagonismo, pero sin atacar directamente y de frente al contrario.

Ejemplo: Esta se presenta bajo muchas formas y se manifiesta en las tácticas consistentes en postergar, denunciar, obstaculizar y frustrar a los otros, en hacer campañas de falsos rumores y difamaciones.

RELACIONES INTERPERSONALES DEL ESCOLTA

La función del ESCOLTA es tratar con gente durante todo el turno de trabajo. Por una portería ingresa todo tipo de personal y es al vigilante a quien corresponde atenderlos, guiarlos o resolver sus inquietudes.

Todo vigilante debe poseer la formación en relaciones humanas pues son la base de su buen desempeño. Partimos de que todos tenemos ciertas aptitudes y cualidades que nos permiten trabajar con público.

Saber hasta donde van nuestras capacidades y cuáles son nuestras debilidades es el mejor consejo para quien se vaya a enfrentar con un cargo de esta naturaleza.

RELACIONES CON LOS EMPLEADOS

La regla de oro para el trato con el usuario es saber establecer límites. Ni tanta relación que conduzca a la intimidad, o complicidad, ni tan lejano que lleve al desconocimiento o a enfrentamientos o roces perjudiciales.

RELACIONES CON EL USUARIO

Las relaciones con el usuario son fundamentales cuando se trabaja en Escolta. Al usuario hay que entenderlo, comprenderlo, apoyarlo, atender sus observaciones y siempre darle la razón. Además hay que ganarse su confianza sin ser abusador.

RELACIONES CON LAS AUTORIDADES

El Escolta es y no es autoridad. De puertas para adentro su labor se apoya en las normas de orden y control dictados por la empresa y su deber es hacerlas cumplir; pero de puertas para afuera es un ciudadano común y corriente.

El Escolta es por lo general un testigo de primer orden y en este sentido debe colaborar ampliamente con las autoridades.

Cuando el puesto está en plena calle deberá buscar el apoyo y el entendimiento con las autoridades policiacas. Además debe acceder a cualquier solicitud que la autoridad le haga, informando a su jefe inmediato. Esto ayuda mucho en las relaciones vigilancia privada – autoridad.

RELACIONES CON EL SUPERVISOR

El supervisor, además de ser el superior inmediato, debe ser mirado como el orientador, la persona que en determinado momento nos puede escuchar y ayudar a solucionar los problemas no solo de tipo laboral, también personal o familiar.

RELACIONES LABORALES

Las relaciones entre la compañía emplearán y el Escolta deben caracterizarse por la claridad en las normas, deberes y derechos y en la mutua confianza basada en el respeto y el cumplimiento de lo pactado. Si esto no se da, es posible que en poco tiempo se presenten roces y enfrentamientos que perjudicarán a los vigilantes y más a la compañía.

LA COMUNICACIÓN

EMISOR   MEDIO RECEPTOR

CONFIRMACION DE LA INFORMACION

REQUISITOS PARA UNA BUENA INFORMACION

ATENDER ACTIVAMENTE

PRESENTACION CLARA Y OPORTUNA DEL MENSAJE

ASUMIR ACTITUD POSITIVA

SER CONCISOS EN EL MENSAJE

SER VERAZ EN LA INFORMACION

ASUMIR ACTITUD DE DIALOGO

SUPERHOMBRE

RELACIONES DEL HOMBRE

HOMBRE

MUNDO FISICO

NECESIDADES DEL HOMBRE

REALIZACION PERSONAL

AUTOESTIMA

IDENTIDAD

RELACIONES SOCIALES

PROTECCION DEL AMBIENTE

FISIOLOGICAS

"EN NINGUN MOMENTO, NI EN NINGUNA CIRCUNSTANCIA ES MAS SANO, ODIARSE A SI MISMO, QUE AMARSE A SI MISMO"

Este mensaje tiene relación directa, con el autoconcepto y la autoestima.

El autoconcepto acompañándolo un sentimiento denominado "AUTOESTIMA". Estos sentimientos positivos se generan en el ambiente de trabajo, donde se tienen en cuenta las diferentes individualidades, se toleran los errores después de reconocerlos, y donde la COMUNICACIÓN, sea abierta como número uno de las relaciones humanas.

10

DEFENSA PERSONAL

Definición

La defensa personal es un método de lucha o pelea que reúne técnicas selectas extraídas de las diferentes artes marciales (karate, judo, taekwondo, kung fu, aikido, etc.), destinadas a repeler un ataque o agresión cuerpo a cuerpo o con armas cortopunzantes y/o contundentes; y, acondicionadas a las necesidades del usuario.

Filosofía de la Defensa Personal

Evitar una confrontación física es el logro más alto que se pueda conseguir; si se llega a este, nuestras técnicas estarán sujetas a la situación misma.

El deseo del practicante de defensa personal no es el de alardear ante los demás por sus destrezas; el hecho de practicar técnicas de defensa propia no nos convierte en invulnerables, simplemente nos proporciona herramientas útiles para salir del paso ante un eventual ataque y para sobre manejar situaciones de lucha o agresión con mayor seguridad.

Fundamentos

La práctica de la defensa personal exige al practicante, la aplicación de ciertos principios que son leyes naturales asumidas como características de este acto a saber:

Foco: El foco es la concentración de la fuerza del cuerpo, el equilibrio y la velocidad en una sola acción de una técnica determinada. Esta actitud genera la tensión y la potencia necesaria para ejecutar la acción deseada.

Control mental: En el momento de ejecutar una técnica, la mente debe estar libre del flujo de dos pensamientos; es decir, que no haya bloqueo mental. A esto se le llama:

CONCENTRACION, y la concentración es la clave de todos los aspectos mentales.

Coordinación: Uno de los principales aspectos, el cuerpo humano está diseñado
para realizar movimientos perfectos y así deben hacerse al momento de responder a una agresión, para conseguir la eficacia deseada.

Velocidad: En este punto podemos hablar de velocidad de reacción, los movimientos propios de la Defensa Personal obedecer a una acción preliminar.

Reflexión: El relajamiento es vital, porque antecede y sucede a la respuesta del
individuo (ante una agresión), y es lo que lo mantiene sin temor o realmente alerta. Un músculo tensionado antes de iniciar o repeler un ataque se fatigará en pocos segundos y entorpecerá la acción.

Entrenamiento

Para entrenar defensa personal, el participante requiere de un acondicionamiento físico. El nivel de la condición física del cuerpo, varía según lo que de él se exija. El entrenamiento debe aportar fuerza, flexibilidad y elasticidad, velocidad.

- Fuerza: La fuerza se obtiene mediante ejercicios de fortalecimiento muscular, incrementando la masa muscular (ejercicios con pesas, por ejemplo), ejercicios isotónicos (flexiones, correr) o ejercicios isométricos (empujar apretar, resistir).
- Velocidad: Cuanto mayor es la velocidad con que viaja un objeto, mayor es la fuerza que genera, teniendo en cuenta la masa y la presión que ejerce la técnica.

- Se puede conseguir velocidad con el simple hecho de repetir el movimiento muchas veces, teniendo en cuenta la velocidad de ida de la técnica, así como el retroceso del miembro que la ejecuta.
- Flexibilidad y elasticidad: Los músculos deben adquirir un grado tal de elasticidad, que el ejecutante sea capaz de mover su cuerpo sin dificultades; y, mantener sus articulaciones flexibles para realizar movimientos que requieran de una destreza avanzada y fina, sin lesionarse.
- Defensa propia para práctica diaria
- Es el método tradicional de Defensa Personal que incluye un amplio repertorio de técnicas básicas basadas en maneras de zafarse de presas; torceduras, inmovilizaciones, golpes, modo de parar golpes y patadas . En este sistema el practicante aprende a infligir dolor para subyugar al oponente sin hacer daño.
- Defensa propia contra armas
- Sistema de defensa estilizado para contrarrestar ataques con armas blancas o contundentes (cachiporras, palos, etc.).

IDENTIFICACIÓN DE PUNTOS VULNERABLES
DESARME DE ARMAS
CONTUNDENTE
CORTAPUNZANTE
DE FUEGO
TÉCNICAS DE NEUTRALIZACIÓN

Defensa propia contra armas

Sistema de defensa estilizado para contrarrestar ataques con armas blancas o contundentes (cachiporras, palos, etc.).

Caídas básicas:

CAÍDAS:

- Frente: La caída frontal se practica desde una posición en cuclillas. Hay que caer hacia delante sobre el pecho y golpear hacia abajo con ambas manos, con los codos doblados. Caer hacia delante desde una posición de pie, llevando el peso del cuerpo en la caída sobre ambos antebrazos.
- Lateral: Practique extendiéndose sobre su costado izquierdo; luego tuerza el cuerpo hacia la derecha y dé un fuerte manotazo sobre el piso con la derecha extendida. Rodar hacia ambos lados así, de esa manera. Después practique desde una posición de agachado, desequilibrándose hacia un lado y cayendo contra el piso. Finalmente practique de pie.
- Caída atrás: Practiquemos una caída de evasión hacia atrás, sentándonos en cuclillas y rodando después hacia atrás. Curvar la columna y esconder la cabeza hacia adentro, de manera que la energía del movimiento nos haga rodar hacia atrás, llevemos los dos brazos hacia delante y luego dar un golpe ruidoso hacia atrás, sobre el piso para frenar la caída. Practique a medio sentarse y después de pie. En todos los casos, lleve la barbilla al pecho.

TÉCNICAS DE LANZAMIENTO

Proyecciones:

- Siega mayor exterior: Es la famosa zancadilla. Efectúela con una pierna a la parte exterior de una de las piernas agarrando al oponente por los hombros. Se aplica después de parar un golpe o ante un empujón con ambas manos.
- Barrido del pie adelantado: El agresor tiene su pie derecho ligeramente adelantado(posición de un paso) lo sujetamos por

hombro y brazo y lo empujamos hacia la derecha de él al tiempo que ejecutamos un barrido del pie adelantado hacia su izquierda con el pie izquierdo, provocando una proyección por desequilibrio

DEFENSA PROPIA PARA PRÁCTICA DIARIA

Es el método tradicional de Defensa Personal que incluye un amplio repertorio de técnicas básicas basadas en maneras de zafarse de presas; torceduras, inmovilizaciones, golpes, modo de parar golpes y patadas. En este sistema el practicante aprende a infligir dolor para subyugar al oponente sin hacer daño.

Defensa propia contra armas

Sistema de defensa estilizado para contrarrestar ataques con armas blancas o contundentes (cachiporras, palos, etc.).

Técnicas de patadas:

Patada al frente: En posición alta, un pie adelante; elevar la rodilla al frente y proyectar la pierna recta hacia adelante, balanceando el cuerpo hacia atrás. El golpe se propina con el metatarso, con los dedos replegados atrás. El retroceso se hace doblando la pierna rápidamente.

Lateral: En posición de jinete o a horcajadas cruzar la pierna por detrás hacia delante; elevar la rodilla hasta el abdomen y con el talón junto a la corva contraria propinar patada con la planta del pie a un costado, recoger y bajar la pierna. El golpe puede hacerse con el talón o el borde del pie a la altura del abdomen.

En redondo: Portada circular. En posición de un paso, elevar la pierna atrasada, llevando el talón a la nalga. Gire el pie de abajo sobre el metatarso y estire la pierna para golpear con la bola del pie (base de los dedos) o con el empeine. Recoger la pierna rápidamente.

Patada hacia atrás: Llamada co1; igual al lateral, pero totalmente de espaldas.

Patada de talón: Llamada patada de giro. El cuerpo se gira completamente y antes de completar el giro la pierna elevada golpea con el talón cerrado la pierna en circulo.

DESARME DE ARMAS

BLANCA

FUEGO

TÉCNICAS DE NEUTRALIZACIÓN

Defensa propia contra armas

Sistema de defensa estilizado para contrarrestar ataques con armas blancas o contundentes (cachiporras, palos, etc.).

Caídas básicas:

CAÍDAS:

Frente: La caída frontal se practica desde una posición en cuclillas. Hay que caer hacia delante sobre el pecho y golpear hacia abajo con ambas manos, con los codos doblados. Caer hacia delante desde una posición de pie, llevando el peso del cuerpo en la caída sobre ambos antebrazos.

Lateral: Practique extendiéndose sobre su costado izquierdo; luego tuerza el cuerpo hacia la derecha y dé un fuerte manotazo sobre el piso con la derecha extendida. Rodar hacia ambos lados así, de esa manera. Después practique desde una posición de agachado, desequilibrándose hacia un lado y cayendo contra el piso. Finalmente practique de pie.

Caída atrás: Practiquemos una caída de evasión hacia atrás, sentándonos en cuclillas y rodando después hacia atrás. Curvar la columna y esconder la cabeza hacia adentro, de manera que la energía del movimiento nos haga rodar hacia atrás, llevemos los dos brazos hacia delante y luego dar un golpe ruidoso hacia atrás, sobre el piso para frenar la caída. Practique a medio sentarse y después de pie. En todos los casos, lleve la barbilla al pecho.

TÉCNICAS DE LANZAMIENTO

Proyecciones:

Siega mayor exterior: Es la famosa zancadilla. Efectúela con una pierna a la parte exterior de una de las piernas agarrando al oponente por los hombros. Se aplica después de parar un golpe o ante un empujón con ambas manos.

Barrido del pie adelantado: El agresor tiene su pie derecho ligeramente adelantado (posición de un paso) lo sujetamos por hombro y brazo y lo empujamos hacia la derecha de él al tiempo que ejecutamos un barrido del pie adelantado hacia su izquierda con el pie izquierdo, provocando una proyección por desequilibrio.

11

PRIMEROS AUXILIOS

1. DEFINICIÓN PRIMEROS AUXILIOS

Son las primeras atenciones de urgencia e inmediatas que se le prestan a una persona víctima de un accidente, de enfermedades repentinas.

2. OBJETIVOS DE LOS PRIMEROS AUXILIOS

- (-)   Conservar la vida
- (-)   Evitar complicaciones
- (-)   Ayudar a la recuperación
- (-)   Trasladar al accidentado a un centro asistencial

3. NORMAS GENERALES DE LOS P.A.

- Conserve la tranquilidad y Transmítala al paciente
- Investigue la escena del accidente
- Comuníquese continuamente con la víctima
- No se retire del lado de la víctima
- No olvide las posibilidades de supervivencia
- No administre medicamentos
- No de licor en ningún momento
- No haga comentarios delante de la víctima.
- No mueva al paciente

4. BOTIQUÍN DE PRIMEROS AUXILIOS

5. SIGNOS VITALES

Son los valores normales o anormales de las funciones primordiales del organismo, que nos indican su estado y son: RESPIRACION – PULSO –

- TEMPERATURA – TENSION ARTERIAL

- PULSO : Es la expansión y contracción rítmica de las arterías al paso de la sangre que impulsa el corazón.

" EL PULSO MIDE LA VELOCIDAD A QUE LATE EL CORAZÓN"

1. <u>SITIOS DONDE SE TOMA</u> : CUELLO – MUÑECA – CODO – INGLE

2. VALORES NORMALES:

NIÑOS	80 – 100 PULSACIONES POR MINUTO
ADULTOS	60 – 85 PULSACIONES POR MINUTO
ANCIANOS	60 – 80 PULSACIONES POR MINUTO

3.

PROCEDIMIENTO PARA CONTAR EL PULSO
(-) LA MANO DEL ENFERMO DEBE ESTAR FLOJA
(-) COLOQUE LA YEMA DE LOS DEDOS INDICE Y CORAZON EN EL SITIO DONDE VA HA TOMAR EL PULSO Y HAGA LIGERA PRESIÓN EN LA ARTERIA
(-) ANOTE LA CIFRA Y HORA EN QUE SE CONTO

RESPIRACION : Acto de entrada y salida de aire a los pulmones.

1. <u>SITIO DONDE SE TOMA</u> : En el pecho

2. VALORES NORMALES:

NIÑOS	26 – 30 ACTOS POR MINUTO
ADULTOS	16 – 20 ACTOS POR MINUTO
ANCIANOS	14 – 16 ACTOS POR MINUTO

3. PROCEDIMIENTO PARA CONTAR LA RESPIRACION

EL PACIENTE DEBE ESTAR ACOSTADO Y BOCA ARRIBA

(-)	SOSTENGA LA MUÑECA DEL PACIENTE ENCIMA DE SU PECHO COMO SI ESTUVIESE CONTANDO EL PULSO

(-)	CUENTE EL NUMERO DE VECES QUE SE LEVANTA EL TORAX DEL PACIENTE

(-)	ANOTE LA CIFRA Y HORA EN QUE SE CONTO

(-)	ESCUCHE LA RESPIRACIÓN PARA OBSERVAR SI ES RUIDOSA

TEMPERATURA : Es el mayor o menor grado de calor de un cuerpo.

1. <u>SITIO DONDE SE TOMA</u> : Bucal – Axilar - Rectal
2. <u>VALORES NORMALES</u>: De 36 a 37.5 grados centígrados es normal, si es mayor hay fiebre

3. PROCEDIMIENTO PARA TOMAR LA TEMPERATURA BUCAL

(-)	COLOQUE EL TERMOMETRO EN CEROS Y PROCEDA A ESTERILIZAR.

(-)   INTRODUZCA EL TERMOMETRO SUAVEMENTE E LA BOCA,
COLÓQUELO A UN LADO E INDIQUE QUE LO SOSTENGA DEBAJO DE LA LENGUA-

2. AXILAR

(-)   ABRA LIGERAMENTE EL BRAZO   E INTRODUZCA EL TERMOMETRO ENTRE EL BRAZO Y EL COSTADO DEL PECHO A LA ALTURA DE LA AXILA Y PRESIONE SUAVEMENTE EL TERMÓMETRO.

3. RECTAL

(-) UNTAR EL TERMOMETRO CON UN LUBRICANTE PARA EL CUERPO, EL PACIENTE DEBE ESTAR BOCA A BAJO, SE   PROCEDE A INTRODUCIR EN EL RECTO.

(-) ANOTE LA CIFRA Y HORA EN QUE SE TOMO TENSION ARTERIAL : Fuerza que hace la sangre sobre las paredes de la arteria.

PROCEDIMIENTOS CON HERIDAS HEMORRAGIAS

HEMORRAGIA INTERNA
- Acueste al lesionado
- Eleve sus piernas a un nivel mas alto que su cabeza
- Vigile pulso y respiración
- No suministre alimentos ni bebidas al lesionado
- Cubra al lesionado para evitarle perdida de calor

HEMORRAGIA EXTERNA
- Haga presión fuerte con toalla, gasa o pañuelo sobre la herida.
- Coloque vendaje compresivo y vigilarle el pulso
- Si no hay fractura levante la extremidad.

7. BOTIQUÍN DE PRIMEROS AUXILIOS

NOMBRE GENERICO	NOMBRE COMERCIAL	INDICACIONES	PRECAUCIONES
A. ANTISEPTICOS: YODO-YOVIDONA SUSTANCIAS QUE EVITAN LA INFECCION	ISODINE, YOVIDONA	LIMPIAR Y DESINFECTAR LA LESION.	DETERMINAR ANTECEDENTES ALERGICOS.
SUERO FISIOLOGICO		LIMPIAR O LAVAR HERIDAS Y/O QUEMADURAS.	
B. GASAS, APOSITOS Y COMPRESAS		MATERIAL ABSORBENTE, LIMPIAR Y CUBRIR HERIDAS	
C. VENDAS		SOSTENER APOSITOS, CONTROLAR HEMORRAGIAS O CUBRIR QUEMADURAS Y LESIONES.	
D. APLICADORES		PUEDEN AYUDAR EN LA EXTRACCION DE CUERPOS EXTRAÑOS, Y PARA LA LIMPIEZA Y APLICACIÓN DE ANTISEPTICOS EN HERIDAS.	
E. BAJALENGUAS		INMOVILIZACION DE FRACTURAS O LUXACIONES DE DEDOS Y APLICACIÓN DE CREMAS.	
F. ESPARADRAPO		FIJAR GASAS, APOSITOS Y VENDAS.	

MEDICAMENTOS

NOMBRE GENERICO	NOMBRE COMERCIAL	INDICACIONES	PRECAUCIONES
A. ANALGESICOS			
ACETAMINOFEN	DOLEX, FOCUX, WINADOL	USO EN CASO DE TRAUMAS, PARA ALIVIAR EL DOLOR, FIEBRE	NO USAR EN VICTIMAS CON ANEMIA, LESIONES RENALES, HEPÁTICAS E HIPERSENSIBILIDAD.
ACIDO ACETILSALICILICO	ASPIRINA, BUFFERIN, WINADEINE	IGUAL	NO USAR EN VICTIMAS CON ULCERA GASTRICA, GASTRITIS, ASMA, ALERGICOS.
B. ANTIPIRETICOS			
ACETAMINOFEN	DOLEX, FOCUS, WINADOL	USO EN CASO DE TRAUMAS, PARA ALIVIAR EL DOLOR, FIEBRE	NO USAR EN VICTIMAS CON ANEMIA, LESIONES RENALES, HEPÁTICAS E HIPERSENSIBILIDAD.
C. SOBRES DE SUERO ORAL	PARA REHIDRATAR A PACIENTES QUE PRESENTAN DIARREA, QUEMADURAS, HEMORRAGIAS.		
D. ANTIESPASMODICO	BUSCAPINA	MANEJO DEL DOLOR TIPO COLICO	
E. ANTI-INFLAMATORIOS	IBUPROFEN, MOTRIN, VOLTAREN	EN CASO DE EDEMA Y/O INFLAMACION.	NO USAR EN VICTIMAS CON ULCERA GASTRICA, ASMA, ALERGICOS.
F. QUEMADURAS	FURACIN	SOLO SE UTILIZA EN CASO DE CURACION	

III. ELEMENTOS DE INMOVILIZACIÓN

SE UTILIZAN PARA INMOVILIZAR, SOSTENER Y PREVENIR COMPLICACIONES EN PACIENTES CON PROBLEMAS OSTEOMUSCULARES. Ejemplos: vendas elásticas, cartones, tablas, esparadrapo.

IV. ELEMENTOS DE BIOSEGURIDAD Y ADICIONALES

Guantes desechables, folleto de primeros auxilios, tijeras, vasos desechables, agua.

Antisépticos.
Material de curación.
Instrumental y otros elementos.
Medicamentos.
Medicamentos y antídotos para uso en caso de emergencias por intoxicación con plaguicidas

ANTISEPTICOS: Son sustancias que previenen la infección y evitan el crecimiento de microorganismos, que comúnmente se encuentran en las heridas y lesiones causadas por accidentes.

Alcohol 70%: Se usa generalmente para la limpieza de la piel antes de aplicar una inyección, para desinfectar termómetros clínicos, pinzas, tijeras, etc. sumergiéndolos durante diez minutos. No se debe usar en heridas porque causa irritación.

Agua oxigenada: Es un germicida (mata los gérmenes). Se usa para limpiar heridas contaminadas con tierra, estiércol, etc. Al aplicar el agua oxigenada, se recomienda dejar actuar por espacio de dos minutos y lavar la herida con agua limpia.

<u>Mercurio cromo</u>: Es un antiséptico (ataca microbios). Se utiliza en dilución al 2% en heridas pequeñas; su acción es limitada. No se debe aplicar en heridas extensas por su toxicidad (produce efectos adversos o dañinos).

<u>Furacín ungüento o Sulfaplata</u>: Se usa en quemaduras, previo lavado con agua estéril.

<u>Isodine solución</u>: Antiséptico de uso común para limpieza de la piel y mucosas; se aplica sobre la superficie afectada. Contraindicado en hipersensibilidad al yodo.

<u>Prepodyne solución</u>: Antiséptico para la piel; no irritante. Contiene yodo controlado; no selectivo en su actividad germicida (previene infecciones de todo tipo). Se aplica en la piel, previo lavado de la zona afectada. Se usa para la limpieza de heridas, abscesos y/o ulceraciones; el área debe quedar bien impregnada, se puede cubrir con gasas, vendas o adhesivos. Contraindicado en hipersensibilidad al Yodo.

<u>Suero fisiológico o solución salina</u>: Util para el lavado de las heridas, previo al uso de antisépticos. Se utiliza también para humedecer gasas que estén pegadas a las heridas, antes de ser retiradas.

<u>Agua destilada</u>: Solución de agua estéril, útil para el lavado de heridas.

MATERIAL DE CURACION:

- <u>Algodón</u>: Se utiliza para limpiar la piel que no presente heridas abiertas.

- <u>Gasa</u>: Se usa para limpiar y cubrir heridas. Debe estar estéril o muy limpia.

- <u>Vendas</u>: Es indispensable que haya vendas en rollo y algodón de diferentes diámetros.

- <u>Aplicadores</u> (Copitos): Se usan para limpiar heridas pequeñas o donde no pueda hacerse con gasa.

- <u>Bajalenguas</u>: En primeros auxilios se usan para inmovilizar fracturas o luxaciones de los dedos de las manos.
- <u>Curitas</u>: Son útiles para cubrir heridas pequeñas que así lo requieran.
- <u>Esparadrapo</u>: Se usa para fijar la gasa, afrontar los bordes de las heridas pequeñas y asegurar las inmovilizaciones de fracturas.
- <u>Apósitos o compresas</u>: Se usan para cubrir heridas grandes.

INSTRUMENTAL Y OTROS ELEMENTOS:

- Tijeras.
- Cuchillas.
- Navaja.
- Termómetro.
- Jabón y toalla.
- Linterna.
- Libreta y lápiz.
- Caja de fósforos.
- Lista de teléfonos de emergencia.
- Goteros.
- Manual de primeros auxilios o folleto.
- Pinzas estériles (deben mantenerse en frasco con alcohol).

MEDICAMENTOS: El botiquín debe contener básicamente analgésicos para aliviar el dolor, causado por traumatismos y evitar que la víctima entre en shock. No deben usarse indiscriminadamente porque además de los efectos secundarios indeseables, pueden ocultar la gravedad del caso.

<u>Acido acetil salicílico</u>: Se encuentra con los siguientes nombres comerciales: Aspirina, Bufferin, Rhonal, Ascriptin (para adultos y niños).

Se deben tener en cuenta las siguientes precauciones:

- Administrar siempre con agua; nunca con café, gaseosas o bebidas alcohólicas.
- No administrar a personas con problemas gástricos (úlceras).
- No administrar a personas que sangran con facilidad.
- No administrar durante el embarazo, porque tanto la madre como el hijo corren riesgo, ya que se afecta el mecanismo de coagulación.
- No administrar a personas con problemas renales.

<u>Acetaminofén</u>: Se encuentra con los siguientes nombres comerciales: Focus, Dólex, Doloptal, Winadol. Se deben administrar siempre con agua; nunca con café, gaseosas o bebidas alcohólicas.

<u>Sobres de suero oral</u>: Util para administrar en casos de diarrea, quemaduras, hemorragias o en cualquier situación que ofrezca riesgo de deshidratación, evitando así que el paciente entre en shock. Los ingredientes para la preparación de suero casero son: 1 litro de agua hervida, 4 cucharadas de azúcar y 1 cucharadita de sal.
Periodicidad de revisiòn de la dotaciòn :   Mensual.

EVACUACIONES Y TRANSPORTE DE HERIDOS

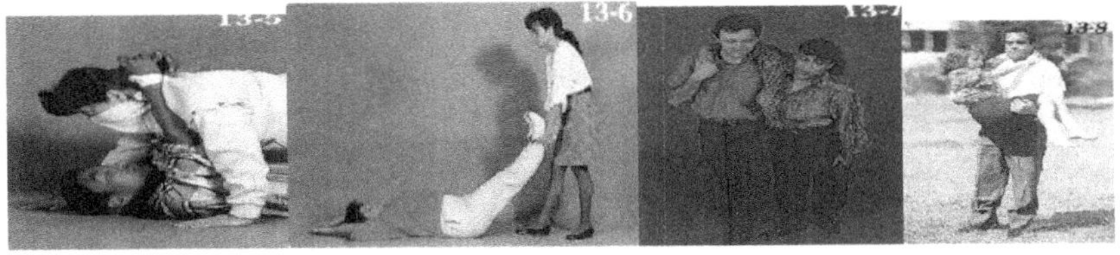

TERMINOLOGIA

ACTITUD
Es una manifestación externa de la disposición o estado de ánimo.

ACONDICIONAMIENTO FÍSICO
Es un trabajo físico gradual encaminado a la consecución de una eficiencia física, representado en un estado satisfactorio de desarrollo de las capacidades y las habilidades motrices del individuo, en correspondencia con su sexo, edad, talla y peso.

AGENTE DEL SITIO
Es el agente responsable por la inspección de seguridad y de las medidas de seguridad en un local (hotel, aeropuerto, restaurante) que va a ser visitado por el dignatario.

AGRESOR
Se trata de un adjetivo que alude a quien realiza una agresión: un ataque, ya sea físico o simbólico.

AMENAZA
Riesgo enfocado a una vulnerabilidad. Es la insinuación o información de que se va a hacer un daño
Suscitar pánico o miedo, por medio de escritos, llamadas telefónicos u otros medios.

ASESINATOS
El que mata a otro (Homicidio), y que su finalidad sea el de atemorizar una porción de la población civil o autoridades, se enmarca dentro del

terrorismo.

ASALTOS ARMADOS

Técnica empleada por delincuentes o terrorista, dirigido a instalación u objetivos puntuales, con violencia sobre las personas o las cosas, colocando a las víctimas en inferior de condiciones, mediante penetración o permanencia arbitraria, engañosa o clandestina y cuyo objetivo sea el buscar un provecho ilícito para si o para otros.

ASIMILACIÓN

Es un proceso por el que dos o más personas o grupos aceptan y realizan las pautas de comportamiento del círculo social al que ingresan.

ÁREA SEGURA

Cualquier lugar que ha sido inspeccionado, registrado y hecho libre de personas desautorizadas y manteniendo seguro hasta que el dignatario haya dejado el área.

ÁREAS RESTRINGIDAS.

El acceso está limitado al personal asignado a ellas. En caso de visitantes, después de cumplir con los protocolos de autorización, deben ser escoltados por el responsable del área.

ASALTOS ARMADOS

Técnica empleada por delincuentes o terrorista, dirigido a instalación u objetivos puntuales, con violencia sobre las personas o las cosas, colocando a las víctimas en inferior de condiciones, mediante penetración o permanencia arbitraria, engañosa o clandestina y cuyo objetivo sea el buscar un provecho ilícito para si o para otros.

ATAQUE

Fundamentado en la vulnerabilidad.

AUTORIDAD

Facultad de lograr obediencia. Es otorgada.

AVANCE

Todas las actividades, planes y arreglos de seguridad hechos antes o durante una conexión con el movimiento del dignatario en un área determinada.

AVANZADAS

Las avanzadas tienen un propósito principal, disponer de la seguridad previa a la llegada a algún lugar. Una de las funciones primordiales de los hombres de avanzadas es el planeamiento de rutas, apostar o colocar agentes en uno o más lugares con el fin de tomar medidas en materia de seguridad, asignándose puesto con horas de anticipación, estos agentes deben realizar una inspección previa con el fin de preparar un plan de reacción en caso de emergencia.

BARRERAS

Casas, la fachada (Entrada o frente), paredes que limitan con los vecinos, patios. Edificio, la fachada (Entrada o frente), paredes que limitan con los vecinos. Conjuntos de Casas - Torres de Edificios y Empresas, se describen los tipos de barreras e iluminación, para lo cual existen diferentes diseños, así:

BLINDAJES

Es proteger contra material balístico.

CALIDAD

Este factor se refiere a las relaciones laborales, valores éticos, consideraciones legales, principios básicos de conducta, imagen de la compañía, etc.

CAPACIDADES FÍSICAS

Las capacidades son condiciones biológicas particulares de cada individuo, necesarias para obtener un determinado rendimiento en la práctica de actividades motrices-físico-deportivas, por lo que representan un elemento significativo de la capacidad de rendimiento.

CAPACIDADES CONDICIONALES.

Las cualidades condicionales están determinadas por factores energéticos, son los encargados de obtener y transmitir energía tales como O2, glucógeno y ATP.

CAPACIDADES COORDINATIVAS.

Las cualidades coordinativas son cualidades sensomotrices que se aplican conscientemente en la dirección de movimientos componentes de una acción motriz, con finalidad determinada. Estas cualidades se caracterizan por el proceso de regulación y dirección de los movimientos.

CARAVANAS

Se determina como un Grupo de personas; que se juntan para Desplazarse en una misma dirección, ya sea a pie o en algún vehículo, a través de zonas en algún Caso con Cierta peligrosidad, donde convergen ciertos cuidados; para prevenir ser Atacados.

CASUISTICA

Casuística en ética aplicada refiere al razonamiento basado en casos. La

casuística es utilizar la razón para resolver problemas morales
aplicando reglas teóricas a instancias específicas.

COBERTURA

Corporal del protegido en caso de ataque, correspondiendo al jefe
deCápsula, el disminuir la superficie del blanco asiendo e inclinando
al protegido.

CODIGO DE COMUNICACIÓN

Consiste en una relación de palabras, letras y números- o la
combinación de ellas- que describen actividades presentes o futuras en
lenguaje no romance, a fin de evitar que la delincuencia pueda acceder
a la información.

CONFLICTO

Es la forma de interacción por la que dos o más personas tratan de
excluirse mutuamente, bien sea aniquilado una parte al tras o bien
reduciéndola a la reacción.

CONTROL

Se puede asumir como un sinónimo de supervisión, o sea, saber cómo
lo estoy haciendo.

CONTROL DEL PANICO

El pánico es un miedo súbito, irracional e histérico que se propaga
rápidamente. El pánico es producido por el miedo, a pesar de que
quienes lo padecen no sepan por qué tienen miedo. La gente trata de
reunirse y correr en una sola dirección que desconoce.

COMPARTIMENTAR

Definido como "Dividir algo en elementos menores" (Diccionario de la real lengua española).

CULTURA DE LA SEGURIDAD

Nace realmente de la existencia de los riesgos y se desarrolla con base en una política de la empresa, que permite iniciar cimentar inculcar, comprometer, concientizar a todos en el proceso de seguridad

DAÑO

Variación real o supuesta que experimenta un bien en virtud de la cual sufre una devaluación o precio del que era objeto. Es un peligro perfeccionado.

DEFENSA PERSONAL

La defensa personal es el empleo de la fuerza física para contrarrestar una amenaza inmediata de la violencia. Tal virtud puede ser desarrollada con la armada o desarmada. En cualquier caso, las posibilidades de éxito en la defensa dependen de un gran número de parámetros, relacionados con la gravedad de la amenaza, pero también en la preparación mental y física del defensor.

DELITO

El término delito **proviene del vocablo latino delinquere**, traducible como "abandonar el camino", ya que un delito de algo que se aparta del sendero contemplado por la Ley para la convivencia pacífica entre los ciudadanos que se acogen a ella. En esa medida, qué cosa es y qué cosa no es un delito se establece en los códigos apropiados del ordenamiento jurídico de cada nación.

DELINCUENTE

En un concepto general, delincuente es la persona que ha cometido un delito.

DEPARTAMENTO DE SEGURIDAD

El Departamento de Seguridad, es el órgano o estamento de las empresas privadas o públicas, encargado de la protección y seguridad de las personas, patrimonio y negocios de la empresa o grupo empresarial para el cual se ha creado, mediante la utilización de recursos privados.

DESCRIPCION DE PERSONAS

Descripción es la técnica de informar contoda veracidad las observaciones personales o a las experiencias sensoriales referidas por otra persona.

EMBOSCADAS

Técnica empleada por terroristas, mediante sorpresa o engaño, empleando armas.

EMPRESA

Es un conjunto de recursos (humanos, financieros, tecnológicos y materiales) que van en busca del logro de objetivos comunes.

ESCOLTA

Aquel que ha realizado algún curso de especialización en la protección, y además posee suficiente y ponderada experiencia en la responsabilidad y ejecución de servicios de protección de personas.
El llamado "escudo humano" ya que debe proteger con su integridad física la de su protegido.

ESCOLTA DE AVANCE

Es el responsable de realizar las descubiertas de un área donde el dignatario permanecerá, al igual que la ruta por la cual se desplazará el dignatario. Recolecta información para la protección del dignatario antes de la visita.

ESCOLTA DE AVANZADA

Es el agente designado para llevar a cabo la inspección de seguridad de la ruta a ser transitada por el dignatario a pie o en vehículo.

ESTRUCTURA DE LAS ORGANIZACIONES TERRORISTAS (O.T.)

Desde una perspectiva general es posible sostener que el terrorismo es un método cuyo objetivo es sembrar el terror para establecer un contexto de intimidación, generar pánico, producir histeria y miedo

ESQUEMA DE SEGURIDAD

Es el dispositivo adoptado por los hombres y recursos de seguridad, en un lugar o ruta específicos, a fin de mantener capacidad de maniobra para neutralizar o repeler cualquier acción que pueda atentar contra la seguridad de los directivos.

ESTUDIO DE SEGURIDAD PERSONAL

Tipo de análisis orientados a conocer en profundidad la información personal y relevante de las personas, esto quiere decir, determinar si el candidato a una oportunidad laboral es quien afirma ser, verificar su historia, comportamiento social, antecedentes disciplinarios y entidades con las cuales tiene cercanía, con el ánimo de establecer pautas de seguridad adecuadas según una necesidad previamente establecida.

EQUIPO DE ESCOLTAS

Es el conjunto de personas entrenadas y equipadas, dirigidas por un líder o jefe de avanzada, los cuales se seleccionarán para brindar protección según sea necesario.

EQUIPO DE REGISTRO

Los agentes designados para inspeccionar un área, habitación, vehículo, avión, etc., en busca de artefactos explosivos, trampas explosivas, etc., antes de la llegada del dignatario.

EQUIPO DE ESCOLTAS

Algunos personajes importantes, como los altos funcionarios del estado, pueden darse el lujo de desplazarse acompañados de un verdadero ejército de escoltas, los cuales cubren prácticamente todos los problemas de seguridad que se puedan presentar.

EQUIPO DE PROTECCIÓN

Constituye el primer círculo de protección o circulo interior, integrado por la escolta o equipo de protección personal que actúa en las inmediaciones del protegido y constituye la última barrera de seguridad de la VIP.

ESCALAFÓN DE MANDO

Debe haber un jefe de escoltas y de acuerdo a las formaciones aumenta la cantidad de hombres los cuales tendrán funciones específicas y una posición dentro de las mismas.

EVALUACIÓN DE RIESGOS

Es el proceso por el cual realizamos la valoración de los factores de riesgo.

EXTORSIÓN

Obligar a una persona a hacer algo en contra de su voluntad, ejerciendo presión por medio de la violencia o la intimidación.

GESTIÓN CORPORATIVA DEL RIESGO

Un riesgo es gestionable si puede haber pérdidas, si hay incertidumbre y si se puede elegir cómo actuar.

INCERTIDUMBRE

Desconocimiento de las proporciones de la amenaza.

INSEGURIDAD

Estado normal en que se encuentran los bienes.

INSPECCIONES DE RIESGO

Todos los medios anteriores deben completarse con inspecciones periódicas de acuerdo a la peligrosidad y auditorías. Todo ello nos da la información de las condiciones en que se pueden producir los riesgos.

INTRUSIÓN

Ingreso no autorizado a una instalación. En los estudios de seguridad a instalaciones se evalúa la intrusión por escalamiento, por descenso, por excavación o al mismo nivel.

IMPACTO

Esta característica se refiere a la medida en que otras áreas o actividades se ven afectadas.

INFILTRACION

Cuando alguien de la organización de delincuentes entra a laborar en el objetivo, personal temporal, reemplazos, contratistas o subcontratistas.

LA OBSERVACION

La observación se puede definir como la atención que se presta a ciertas cosas o el estudio notable sobre una cosa.

LIDERAZGO

Cualquier acto de influencia sobre las personas con el fin de lograr que objetivos importantes para la empresa, se hagan dentro de la mejor eficiencia, economía y bienestar.

LIDER DE GRUPO

Escolta integrante del equipo, que, por razones de su capacitación y liderazgo, tiene atribuciones para organizar y tomar decisiones de carácter puntual en el teatro de operaciones, de acuerdo a directrices del jefe de seguridad.

MANEJO DEFENSIVO Y EVASIVO

Consiste en conducir estando atento a los errores de los otros conductores para poder anticiparse y tomar decisiones que eviten algún incidente. Es de suma importancia para el desempeño de las funciones de quien en su ámbito laboral atiende funciones de seguridad, pero en la misma importancia es para cualquier persona que maneje un vehículo y dese poder adquirir las habilidades y conocimiento necesario para solucionar, anticipar y responder ante cualquier situación de riesgo que se les pueda presenter

METODOS CUANTITATIVOS DE EVALUACION

Son abundantes y seguirán apareciendo más, ya que cada Analista de Riesgos los puede crear acorde con su necesidad.

MODUS OPERANDI

Modus: Modo   Operandi: Operar

Es el modo en que opera la delincuencia, otra definición es:

Son las técnicas y formas que la delincuencia emplea para realiza los ilícitos.

MOTIVACION

El ofrecer productos y servicios a bajo precio, con excelente calidad, de buena marca, con la posibilidad de ganar algún premio, etc. hacen posible lograr la preferencia por parte de nuestros clientes externos y en el caso de los clientes internos, tenemos: buenos sueldos, considerables beneficios, oportunidades de ascensos, por nombrar algunos.

MOVIMIENTOS DE DISTRACCION

Desplazamientos sin el directivo, que realiza la escolta adoptando el Dispositivo de seguridad con el objeto de enviar mensajes falsos a potenciales observadores de la delincuencia Deben realizarse dos o tres veces por semana (de acuerdo a disponibilidad), con el objeto de confundir la probable Inteligencia de la delincuencia hacia nuestra empresa y sus directivos.

NEUTRALIZACIÓN

Del atacante, no es la misión esencial de la cápsula, pero si uno de los protectores percibe con antelación, debe tratar de abortarlo mientras el resto de la cápsula ejecuta las misiones básicas de cobertura y evacuación. En caso de ser algún miembro del segundo Circulo de Protección el que detectase el ataque será éste el que realice la neutralización, ocupándose los miembros del equipo de Escoltas de dar cobertura y evacuar.

ORIGENES DEL DELITO

Hablar de las técnicas que la delincuencia emplea es un tema bastante amplio, por ello conoceremos el origen de los delitos, que va paralelo al origen de las amenazas, las ventajas y desventajas de los diferentes orígenes, siendo lo más importante la conciencia y procedimientos que debe tener el **ESCOLTA**.

OBSTRUCCIÓN

Es un proceso social en el que cada una de las personas o grupos contrarios tratan de impedir que la otra logre sus objetivos, sea que ella misma desee obtenerlo o no.

ORGANIZACIÓN

Es la distribución adecuada del personal y los medios, para alcanzar un objetivo o la misión encomendada.

PLAN DE SEGURIDAD PERSONAL

El secuestro, el sicariato y la extorsión son unas de las grandes amenazas que pesan sobre los colombianos, sin importar su posición laboral ni social. Cualquier persona puede ser víctima de alguna de las modalidades dentro de las que se desarrollan esta clase delitos, con lo cual se vería afectada su vida, su integridad personal, o su patrimonio y USTED.

PLANIFICACION

Para que una empresa logre sus objetivos finales, lo primero es orientarse hacia ellos. En otras palabras, el jefe debe delimitar cuáles serán las vías de acción: qué recursos se utilizarán, en qué cantidad, en qué tiempo se irán cumpliendo las actividades, es decir, todo lo que implica qué hacer.

PLANEAMIENTO

Si la decisión tomada es continuar con la acción, viene el planeamiento, que comprende determinar qué es lo que van hacer, como lo van hacer, quienes van a participar, que medios van a utilizar, como lo van hacer, lugares de reunión, escondites, sitios alternos, claves, rutas de escape, hora y fecha de la acción.

PELIGRO

Posibilidad latente de causar daño.

PENETRACION

Esta técnica requiere de un mayor trabajo y no siempre es segura para la organización de delincuentes, es hacer cambiar de mentalidad, principios morales y éticos a una persona que este laborando dentro del objetivo mediante engaños y artimañas, de no lograrse conocen las debilidades de esa persona e inician a presionar para que colabore y suministre información.

PERSONAL DE SEGURIDAD

Dentro de los riesgos más relevantes de las organizaciones se encuentra el capital humano que apoya los procesos de seguridad ya que son ellos los llamados a conocer información confidencial de la organización, dentro del personal de seguridad los cargos de vigilantes y escoltas.

PREVENCIÓN

Conjunto de actuaciones tendentes a evitar la posible manifestaciónde un suceso que pueda producir daños personales o materiales.

PRIMEROS AUXILIOS

Los primeros auxilios son los ciudadanos inmediatos y temporalmente que se le proporcionan a la víctima de un accidente o de una enfermedad, en tanto se obtienen los servicios médicos profesionales. El objetivo principal es salvar la vida.

PROCEDIMIENTO DE ESCOLTAS

Son los procedimientos de seguridad que realiza Un grupo profesional de personas preparadas especialmente como escoltas y constantemente para cuidar, defender la integridad y la vida de su protegido reaccionando veloz y eficazmente con todo el poder y elementos disponibles, para prevenir o repeler cualquier ataque o agresión y evacuar al personaje a sitio seguro.

PROCEDIMIENTO EN VEHICULOS

Como la actividad de protección de personas se desarrolla en la calle, es imprescindible tratar el tema de los vehículos.

PROTECCIÓN

Conjunto de normas medios y acciones cuyo fin es conseguir la seguridad.

PROTECCIÓN A PERSONAS

La protección personal, se resume en el conjunto de medios, medidas y normas, que con las actuaciones personales tienen como fin garantizar la integridad físicay libertad de una persona.

PROTECCIÓN MOVIL

Dispositivo de seguridad organizado para custodiar a una personalidad en sus desplazamientos, o en el traslado de un objeto.

PROTECCIÓN ESTÁTICA

Dispositivo de seguridad organizado para custodiar un lugar fijo

PROTECCIÓN FÍSICA A PERSONAS.

La protección personal, se resume en el conjunto de medios, medidas y normas, que con las actuaciones personales tienen como fin garantizar la integridad físicay libertad de una persona.

PUNTO DE CONTROL

Es un puesto de seguridad con la misión de controlar el acceso a un área específica.

PUESTO DE MANDO

Es un centro de mando y control a través del cual todas las actividades e información que tiene que ver con una operación de protección son coordinadas.

PROTEGIDO

Personas que, expuestas a ser víctimas de actos delictivos, como políticos, empresarios, personas famosas entre otros,

PROTECCIÓN A PERSONAS

La protección personal, se resume en el conjunto de medios, medidas y normas, que con las actuaciones personales tienen como fin garantizar la integridad físicay libertad de una persona.

PROTECCIÓN DINÁMICA SOBRE VEHÍCULOS

Las técnicas de protección dinámica en vehículo, tienen la función de reducir al máximo las situaciones de riesgo hacia el VIP, durante los traslados. El número de vehículos suelevariar dependiendo del nivel de protección y oscila desde uno a cinco vehículos, incluidos el de la personalidad. La Protección más habitual suele ser la de dos o tres vehículos.

RELACIONES HUMANAS

Es la interacción de ideas, pensamientos, afectos, valores, normas entre 2 o más personas.

RECONOCIMIENTO

Desplazamiento previo (24 horas antes), que realiza el personal de seguridad a lugares que aproximadamente visitara el PMI y del cual no se tiene información .El objetivo es el de obtener información directamente en el terreno, sobre topografía, vías de acceso, clima, rutas estado de las mismas, tiempos de recorrido, autoridades en la zona, centros médicos, ultimas actividades delincuenciales y en general toda la información que aporte para el planeamiento y ejecución segura del desplazamiento.

RADIO COMUMUNICACIONES

Radio comunicación es la transmisión de señales electromagnéticas, a través delespacio, entre dos o más sitios. Los pasos usados en estas comunicaciones, se denominan circuitos de radio., y son los que conectan, de una manera efectiva, alos correspondientes.

RIESGO

Se define la probabilidad de que suceda un evento adverso que genere un problema o daño. Evaluar los posibles riesgos y determinar la mejor manera.

RIESGO CALCULADO.

Es la determinación de la existencia del peligro, pero sin embargo se acepta la exposición al mismo por parte del personaje.

RIESGOS ECONÓMICOS EMPRESARIALES

Inherentes a la actividad de la empresa, que busca a cambio de asumir el riesgo obtener beneficio.

SABOTAJE

Se denomina Sabotaje al daño que se pueda ocasionarse en forma premeditada a una empresa, destruyendo o dañando, maquina, vehículo, materia prima, documentación.

SECUESTRO

Privar de la libertad a un individuo, retener u ocultar a una persona con el propósito de exigir por su libertad un provecho o cualquier utilidad o, con otros fines cualquiera que estos sean.

SUJETO

Es la persona, lugar o domicilio que se encuentra bajo vigilancia.

SEGURIDAD

Seguridad es el conjunto de normas preventivas y operativas, con apoyo de procedimientos, programas, sistemas, y equipos de seguridad y protección, orientados a neutralizar, minimizar y controlar los efectos de actos ilícitos o situaciones de emergencia, que afecten y lesionen a las personas y los bienes que estas poseen .Estado ideal en que se encuentran los bienes.

SEGURIDAD FÍSICA

Se encamina a los procesos de seguridad física, instalaciones, medios y medidas de control para la mejora de los procesos de seguridad en instalaciones.

ORGANIZACIÓN

Cada grupo humano para lograr sus objetivos, debe estructurarse, debe definir qué tareas le corresponden a cada uno, eso es organizarse, es ver cómo hacerlo.

ORGANIZACION DE UN EQUIPO DE ESCOLTA

Es la distribución adecuada del personal y los medios, para alcanzar un objetivo o la misión encomendada.

OBSTRUCCIÓN

Es un proceso social en el que cada una de las personas o grupos contrarios tratan de impedir que la otra logre sus objetivos, sea que ella misma desee obtenerlo o no.

PERIMETRO

Es el nivel de Protección Volumétrico, se describe los límites del sitio y consta de los siguientes puntos.

PODER

Facultad de imponerse ante el resto sin que necesariamente se tenga un título o cargo formal y, por otra parte, a quien no se tiene la obligación de obedecerle. Sin embargo, la persona que posee poder ejercer influencia, logrando con ello sus objetivos personales o del organismo, al cual, represente.

VEHÍCULO ESCOLTA

Este es el vehículo que transporta al equipo de protección (escoltas). El vehículo va inmediatamente detrás del vehículo del dignatario.

VEHICULO DE APOYO

Vehículo conducido por personal de escoltas, que viaja generalmente detrás del Vehículo donde se transporta el directivo (ocasionalmente y cuando la situación lo requiera, puede Ubicarse adelante), y el cual tiene la misión de neutralizar, prevenir o repeler cualquier tipo de amenaza o Situación que se presente, que pueda afectar la integridad física o la tranquilidad del directivo.

VULNERABILIDAD

Debilidad estructural. Permite que otros nos ataquen para hacer un daño. Pueden ser: físicas

TECNOLOGIA DE PREVENCION

La tecnología va de la mano de la seguridad, utilice cámaras, video-cámaras, grabadoras, celulares, binóculos, radios y todos los elementos que tenga a su alcance para detectar, prevenir y controlar las amenazas.

TERRORISMO

Es un medio de lucha armada, que utiliza el TERROR de la gente como instrumento. La palabra TERRORISTA se deriva del verbo latino TERRERE. Hay otras definiciones dentro de las múltiples definiciones que le han dado al TERRORISMO: Es el uso de la amenaza de violencia que es propuesta por un grupo determinado de individuos, grupos organizados, bandas de delincuentes, con fines políticos, económicos, psicológicos y, dirigidos a crear temor o desconfianza e intimidar a la autoridad, a la población o a grupos de carácter económico.

TOMA DE DECISION

De acuerdo al análisis realizado a la información determinan que paso seguir o cambiar de objetivo, viene la toma de la decisión.

BIBLIOGRAFÍA

-Sosa González Rafael Darío- Manual Básico del Escolta.2007

-Sosa González Rafael Darío-Manual del Escolta Avanzado.2007

-Sosa González Rafael Darío-Manual de Secuestro.2021

-Sosa González Rafael Darío-Manual Autoprotección Escolta.2007

-Sosa González Rafael Darío-Manual Manejo Defensivo.2012

-Sosa González Rafael Darío- Manual Protección a Dignatarios. 2021

-Sosa González Rafael Darío-Manual Reentrenamiento de Escoltas.2020

-Sosa González Rafael Darío-Manual de Vigilancia y Contravigilancia.2017

-Sosa González Rafael Darío-Manual de Contravigilancia.2022

-Sosa González Rafael Darío- Manual Secuestro.2022

-Sosa González Rafael Darío-Manual del Escolta Preavanzado 2022

-Sosa González Rafael Darío-Manual del Director de Seguridad.2022

-Que es riesgo, Diccionario de la lengua castellana

- Errores y buenas prácticas de seguridad para directivos: securitas.es

- Seguridad para directivos: viajes y desplazamientos: securitas.es

- Cuáles son los sistemas de seguridad para empresas: lage.com.mx

- Recomendaciones para la Gestión de los Riesgos Extorsión y Secuestro: CME - Seguridad y Derechos Humanos.
- MANUAL EJC 3-1 PÚBLICO. Fuerzas militares de Colombia (Ejercito Nacional).
- DALE, Carnegie & Associates. Inc. Descúbrase como líder. Colombia.   Editorial Sudamericana S.A. 1994
- ADAIR, Jhon. Líderes no jefes. Legis S.A. 1994
- J.M Kouzes y B.Z Posner - Jossey - Bass. A991. El reto del liderazgo. San Francisco C.A. Publisher.
- Escuela de la Américas. Manual FMI 22 - 100 liderazgo militar. Ejército de los EE.UU, fuerte Benning, Georgía.30 de junio 1989.
- FRITZEN Silvio José. Adiestramiento de lideres. Colección pedagógica grupal, Bogotá. Agosto de 1989.
- Tenientes Escuela de Armas y servicios. Noviembre 22 de 1996. Fundamentos de liderazgo y ética militar. "Etica profesional y pedagogía del mando".
- KRAUSE G. Donald. El camino del líder. Edap, Madrid. 1997. Pág. 196.
- Revista Oficina Eficiente. Institucional de Carvajal SA. No. 69, Enero-Febrero.1996. Pág.52-62
- SANCHEZ, Beltran Edgar. Calidad Superior. Talleres gráficos de xyz. Impresores Cali. 1996. Pág. 99
- JUNGO GOMEZ, Sixto Tirso. Dinámica de grupos. USTA. Bogotá. Pág. 341
- COVEY R. Stephen. Los 7 hábitos de la gente altamente efectiva. Paidos, Barcelona. 1997. Pág.381.
- ROSENBAUM, Bernard L. ¿Cómo motivar a los empleados de hoy? McGrawHill. México, 1995. Pág. 206
- BENNIS, Warren. ¿Cómo llegar a ser líder?. Editorial Norma. Bogotá. 1990. Pág. 184.
- Revista Universidad Abierta Universidad Del Tolima. Ibagué, julio 1995. Pág. 17-28.
- CHAMPY, James. Ambición. Editorial Norma. Bogotá, 2000. Pág. 219.

- LIDERAZGO. Manual de Capacitación. Medellín 1986. Pág. 28.
- RODRIGUEZ, Carlos y otro. Etica Militar. K-well Editores. Bogotá 1998. Pág. 92.

ENLACES

-Que es prevención
Fuente: https://concepto.de/prevencion/#ixzz7nMBb6HmF

-Principales Funciones y Responsabilidades
http://www.andino.com.pe/

- DepartamentodeSeguridad:http://diccionario.sensagent.com
- /departamento%20administrativo%20de%20seguridad/es-es/

-. Como utilizar la mediacion para resolver conflictos en las

organizaciones .Barcelona : Acland. (1993)Paldos .

-Trabajo en Equipo
-https://www.monografias.com/trabajos10/tequip/tequip

- https://www.acmaseguridad.com.co/funciones-de-los-escoltas-de-seguridad/

- https://www.seguridadsuperior.com.co/estudio-de-seguridad

ACERCA DEL AUTOR

RAFAEL DARIO SOSA GONZALEZ

Oficial de la reserva activa del Ejercito Nacional. De COLOMBIA.

Después de su retiro ha desempeñado los siguientes cargos: director de Seguridad en Servicios (INDUSTRIAS ARETAMA Ltda.). Jefe de Seguridad (COLTANQUES Ltda.). Director Operaciones (MEGASEGURIDAD LA PROVEEDORA Ltda.) Gerente (Propietario) ESCUELA NACIONAL DE VIGILANTES Y ESCOLTAS (ESNAVI LTDA.), Coordinador Proyecto Seguridad Aeronáutica (COSERVICREA Ltda.), Coordinador de Seguridad Proyecto Aeronáutica (COLVISEG Ltda.).

En el área de la docencia: se ha desempeñado como Docente en el Instituto de seguridad Latinoamericana (INSELA Ltda.) Docente de la Escuela Colombiana de Seguridad (ECOSEP Ltda.) Como Consultor Seguridad, Asesoró en Seguridad en Empresas como: ADRIH LTDA, POLLO FIESTA Ltda., SEGURIDAD ATLAS Y TRANSPORTE DE VALORES ATLAS Ltda., SEGURIDAD SOVIP Ltda.

Entre los estudios realizados: Diplomado en Administración de La Seguridad (UNIVERSIDAD MILITAR NVA GRANADA), Diplomado en Seguridad Empresarial (UNIVERSIDAD SAN MARTIN-ACORE):Diplomado Sociología para la Paz, Derechos Humanos, negociación y Resolución de Conflictos (CIDE-CRUZ ROJA COLOMBIANA-ACORE) Diplomado en Gestión de la Seguridad (FESC-ESNAVI Ltda.) ,Programa maestro en Seguridad y Salud Ocupacional(CONSEJO COLOMBIANO DE SEGURIDAD), Liderazgo Estratégico en Dirección , Gerencia Estratégica en Servicio al Cliente(SENA) ,

Curso Seguridad Empresarial(ESCUELA DE INTELIGENCIA Y CONTRAINTELIGENCIA BG.CHARRY SOLANO),curso de Seguridad Electrónica básico (A1A), Curso Analista de Poligrafía (Pfisiólogo Poligrafista)Poligrafía Basic Voice Store Análisis (DIOGENES COMPANY),entre otros.

Adicionalmente se encuentra desarrollando Programa de entrenamiento para COACHES en INTERNACIONAL COACHING GROUP (ICG) Y DIPLOMADO PARA COACHING CRISTIANO (METODO CC).

Propietario de la Empresa Security Works www.sewogroup.com. Empresa al servicio de la seguridad y vigilancia privada en Latinoamérica. Actualmente se desempeña como director general SECURITY WORK S.A.S.

AUTOR: 20 Libros Colección de Seguridad entre otros Vigilancia Básico, Avanzada. Escolta Básico, Manual de Manejo Defensivo, Manual de Medios Tecnológicos, Manual Prevención Secuestro, Manual del Supervisor. Impresos con la Casa Editorial Security Works de Venta en todos los Países de Habla Hispana.

LOS TITULOS DE LA COLECCIÓN SEGURIDAD PRIVADA

La colección Seguridad dirigida a profesionales de Latinoamérica, Europa, Israel, etc.

PUBLICADOS

01. Manual Para la Vigilancia Privada Básico.
02. Manual Para la Vigilancia Privada Avanzado.
03. Manual Básico del Supervisor de la Vigilancia.
04. Manual Básico del Esccita Privado.
05. Manual Avanzado del Escolta Privado
06. Manual Seguridad Medios Tecnológicos
07. Manual de Manejo Defensivo.
08. Manual de Vigilancia y Contra vigilancia.
09. Manual de Antiterrorismo.
10. Manual de Seguridad Aeronáutica.
11. Manual de Seguridad sin Recursos.
12. Manual de Seguridad Canina.
13. Manual de Seguridad residencial.
14. Manual de Autoproteccion Secuestro
15. Manual de Seguridad Hotelera
16. Manual de Seguridad Hospitalaria
17. Manual de Seguridad Comercial
18. Manual de Seguridad Bancaria
19. Manual de Seguridad Empresarial
20. Manual del Directivo de Seguridad

Visite:

www.sewogroup.com

Representantes y
Distribuidores Visite
la web:
http//Amazon.com

Colección Seguridad Privada
Securityworks
Protección Integral